LA NOUVELLE
LÉGISLATION PHARMACEUTIQUE

COMMENTAIRE DES PROJETS DE LOIS
SUR L'EXERCICE DE LA PHARMACIE

ADOPTÉS PAR

LA CHAMBRE DES DÉPUTÉS ET LE SÉNAT

PAR

Edmond DUPUY

Professeur à la Faculté de médecine et de pharmacie de Toulouse.
Avocat.

PARIS

LIBRAIRIE J.-B. BAILLIÈRE ET FILS

19, rue Hautefeuille, près du boulevard St-Germain

1895

LA NOUVELLE

LÉGISLATION PHARMACEUTIQUE

CORBEIL. Imprimerie CRÉTÉ.

LA NOUVELLE
LÉGISLATION PHARMACEUTIQUE

COMMENTAIRE DES PROJETS DE LOIS
SUR L'EXERCICE DE LA PHARMACIE

ADOPTÉS PAR

LA CHAMBRE DES DÉPUTÉS ET LE SÉNAT

PAR

Edmond DUPUY

Professeur à la Faculté de médecine et de pharmacie de Toulouse.
Avocat.

PARIS

LIBRAIRIE J.-B. BAILLIÈRE ET FILS

19, rue Hautefeuille, près du boulevard St-Germain

1895

PRÉFACE

La nouvelle législation, relative à l'exercice de la pharmacie, votée par la Chambre des députés et par le Sénat, doit-elle, dans l'intérêt de la santé publique et dans celui du corps pharmaceutique, être maintenue intégralement ou subir quelques modifications, avant son adoption définitive par le Parlement?

Telle est la question que j'ai examinée dans cette étude et que j'ai essayé de résoudre avec la plus complète impartialité.

Ed. DUPUY

LA NOUVELLE
LÉGISLATION PHARMACEUTIQUE

COMMENTAIRE DES PROJETS DE LOIS
SUR L'EXERCICE DE LA PHARMACIE

ADOPTÉS

par la Chambre des Députés et le Sénat

PROLÉGOMÈNES

La loi du 24 germinal an XI (11 avril 1803), appelée *loi organique de la pharmacie*, est la seule qui ait embrassé dans son ensemble toutes les dispositions légales relatives à la pharmacie. Elle a eu pour but de substituer au chaos de l'ancienne législation pharmaceutique, une législation nouvelle plus appropriée aux mœurs et aux besoins de la société.

Elle comprend 4 titres et 38 articles :

Le titre I, qui va de l'article 1 à l'article 6, est relatif à l'organisation des écoles de pharmacie.

Le titre II, qui va de l'article 7 à l'article 11, est relatif aux élèves en pharmacie et à leur discipline.

Le titre III, qui va de l'article 12 à l'article 21, est relatif au mode et aux frais de réception des pharmaciens.

Le titre IV, qui va de l'article 22 à l'article 38, est relatif à la police de la pharmacie.

Cette loi qui, d'après la pensée du législateur, devait être une œuvre définitive et irréprochable, est au contraire une œuvre pleine de lacunes, d'obscurité et de prescriptions inexécutables ; aussi, depuis un demi-siècle, a-t-on cherché à la réformer.

Lorsqu'on examine avec attention les divers projets de réforme, on voit que les modifications proposées peuvent se diviser en deux grandes classes :

1° Législation relative aux écoles de pharmacie, aux élèves en pharmacie et à la réception des pharmaciens.

2° Législation relative à l'exercice et à la police de la pharmacie.

Ce double point de vue était nécessaire ; en effet, comme le disait très justement l'École de pharmacie de Paris, dans sa séance du 4 décembre 1815 (1), ce n'est pas assez de former des hommes instruits dans l'art de préparer les médicaments ; ce n'est pas assez de n'admettre au titre légal que des hommes qui ont donné des preuves suffisantes de leur capacité ; il faut encore qu'ils remplissent tous les devoirs de leur profession, il faut surtout écarter avec soin de l'emploi périlleux et délicat de préparer et vendre des médicaments, des mercenaires avides et ignorants, des charlatans effrontés qui se font un jeu de la vie de leurs semblables.

Parmi les projets de réforme proposés, nous citerons :

1° Projet de loi concernant la pharmacie présenté en 1815 à la Chambre des députés par le roi Louis XVIII (2).

2° Projet de loi sur la profession relative à l'art de guérir, président Cuvier, rapporteur de Gérando, élaboré en conseil d'État (comité de l'intérieur et du commerce), séance du 12 octobre 1821 (3).

3° Projet de loi sur l'enseignement et l'exercice de la

---

(1) *Mémoire de l'École de pharmacie de Paris sur l'état actuel de la législation concernant la pharmacie et sur les moyens de réprimer les abus dans l'exercice de cette profession* (de Beauchamp, *Enquêtes et documents relatifs à l'enseignement supérieur*, t. XXXVII, *Médecine et Pharmacie*, 1803-1826, p. 33).

(2) de Beauchamp, *loc. cit.*, t. XXXVII, 1803-1826, p. 54.

(3) de Beauchamp, *loc. cit.*, t. XXXVII, 1803-1826, p. 172.

médecine et de la pharmacie, préparé en 1836 par une commission présidée par Orfila, au nom du Ministère de l'instruction publique (1).

4° Rapport présenté à M. le Ministre secrétaire d'État au département de l'instruction publique, le 15 janvier 1838, par M. Béhier, sur le projet de loi relatif à l'enseignement et l'exercice de la médecine et de la pharmacie (2).

5° Projet de loi résultant du travail de la commission de 1838 (3), annexé au projet de loi déposé par M. de Salvandy à la Chambre des députés le 3 janvier 1848.

6° Projet de loi sur l'enseignement et l'exercice de la médecine et sur l'enseignement de la pharmacie, présenté à la Chambre des pairs, le 15 février 1847, à la suite du rapport fait par la haute commission des études médicales instituée le 18 novembre 1845 (4).

Tous les projets, que nous venons d'énumérer, s'occupaient à la fois de la pharmacie comme science et de son exercice comme profession.

Depuis 1845, il a été proposé différents projets *qui ont trait seulement à l'exercice de la pharmacie;* leurs auteurs ont pensé, en effet, qu'il ne fallait pas inscrire dans la loi des dispositions relatives à l'enseignement de la pharmacie, et cela pour les raisons suivantes indiquées par le Comité consultatif d'hygiène publique de France : « Les conditions d'études et de scolarité changent chaque fois que la science accomplit un progrès... Formuler dans une loi les dispositions jugées bonnes aujourd'hui serait condamner les générations qui suivent à une immobilité préjudiciable à l'instruction médicale. On ne comprendrait pas que le programme des études ne puisse pas être tenu journellement au courant de la science. On conçoit au contraire qu'une loi doit régir les conditions d'exercice de la médecine et de la pharmacie,

(1) de Beauchamp, *loc. cit.*, t. XL, 1828-1842, p. 263.
(2) de Beauchamp, *loc. cit.*, XL, 1828-1842, p. 280.
(3) de Beauchamp, *loc. cit.*, t. XL, 1828-1842, p. 457.
(4) Voir de Beauchamp, *loc. cit.*, t. XLIX, 1842-1848, p. 3 et 298.

parce que les intérêts du corps médical et pharmaceutique exigent sur ce point une certaine stabilité. »

Les différents projets proposés dans ces dernières années sont :

1° Projet sur l'exercice de la pharmacie et des professions accessoires, voté par le Conseil d'État en 1881, à la suite d'un remarquable rapport de M. le conseiller Antonin Dubost.

2° Projet présenté à la Chambre des députés, le 9 juin 1883, par M. Naquet, au nom d'une commission chargée d'examiner les projets de loi : A. de M. Hippolyte Faure, sur l'exercice de la pharmacie; B. de MM. Delattre et Frébault, sur la police de la pharmacie.

3° Projet de loi sur l'exercice de la pharmacie, présenté au Comité consultatif d'hygiène publique de France par M. P. Brouardel et J. Regnauld, adopté par le Comité le 5 juillet 1886 et déposé à la Chambre des députés le 6 novembre 1886 par MM. les ministres du commerce et de l'industrie, de l'instruction publique et de la justice.

4° Projet de loi sur l'exercice de la pharmacie, adopté le 30 juin 1893 par la Chambre des députés. Ce dernier projet, transmis au Sénat le 3 juillet 1893, a été examiné par une commission composée par MM. Demole, Poirrier, Madignier, Benoist, Camescasse, Lourties, Deville, Frézoul, Cornil rapporteur. Il a été discuté en première lecture dans les séances des 20 et 23 novembre 1894; en seconde lecture, dans les séances des 10 et 21 décembre 1894. M. le professeur Cornil, rapporteur, et M. le professeur Brouardel, commissaire du gouvernement, ont défendu avec impartialité et éloquence le corps pharmaceutique, mais leurs efforts n'ont pas été toujours couronnés de succès.

En adoptant ces projets de loi, qui méritent cependant de nombreux éloges, puisqu'ils réalisent des progrès sur la législation actuelle qui régit la pharmacie, la Chambre des députés et le Sénat se sont-ils suffisamment préoccupés des intérêts d'une profession de laquelle on exige avec raison tant de garanties morales, scientifiques et pécuniaires, et lui accordent-ils en avantages et en protection ce qu'elle a le droit légitime de réclamer ? C'est ce que nous allons examiner en passant en revue les différents articles de ces projets.

Avant d'entreprendre cet examen, il nous paraît intéressant de rappeler, ou plutôt d'apprendre, soit au public, soit aux membres du Parlement qui les ignorent en général, quelles sont les études exigées du pharmacien, quels sont ses devoirs professionnels et quelles sont les garanties que doit offrir à la société l'homme qui tient entre ses mains, peut-être encore plus que le médecin, la santé et la vie de ses semblables.

La pharmacie est une des branches de la médecine ; elle exige des études et des connaissances approfondies, car la santé publique est intéressée à ce que la profession de pharmacien soit exercée par un homme instruit et ayant le sentiment de ses devoirs. Dans l'œuvre commune pour laquelle le médecin et le pharmacien unissent leurs efforts, il n'y aurait aucune sécurité pour le malade, dont la vie est en jeu, ni pour le médecin, tant au point de vue professionnel que scientifique, si le pharmacien n'était pas à la hauteur de sa mission. C'est pour atteindre ce résultat qu'ont été rendus de nombreux décrets relatifs aux études pharmaceutiques, en particulier ceux du 26 juillet 1885, du 24 juillet 1889, du 12 juillet et du 31 juillet 1878.

A. — *Décret du 26 juillet 1885 (Extrait).*

Art. 1er. — Les études en vue des diplômes de pharmacien de 1re et de 2me classe durent six années, savoir : trois années de stage dans une officine, et trois années de scolarité.

Art. 2. — Le stage est constaté au moyen d'inscriptions. Nul ne peut se faire inscrire comme stagiaire s'il n'a seize ans accomplis et s'il ne produit, *pour le grade de pharmacien de 1re classe,* le diplôme de bachelier ès lettres ou le diplôme de bachelier ès sciences complet ou le diplôme de bachelier de l'enseignement secondaire spécial ; *pour le grade de pharmacien de 2e classe,* à défaut d'un diplôme de bachelier, le certificat d'études spécial.

Art. 3. — Les stagiaires qui justifient de trois années régulières de stage, subissent un examen de validation devant un jury composé de deux pharmaciens de 1re classe et d'un professeur ou d'un agrégé d'une école supérieure de pharmacie ou d'une faculté mixte de médecine et de pharmacie, président. Les épreuves de cet examen sont :

1° La préparation d'un médicament composé, galénique ou chimique, inscrit au Codex.

2° Une préparation magistrale.

3° La détermination de trente plantes ou parties de plantes appartenant à la matière médicale et de dix médicaments composés.

4° Des questions sur diverses opérations pharmaceutiques.

Il est accordé quatre heures pour la première épreuve et une demi-heure pour chacune des trois autres.

Art. 8. — Pendant les trois années de scolarité, les candidats à l'un et à l'autre grade prennent douze inscriptions semestrielles, etc.

Art. 9. — Pendant la durée de la scolarité, les aspirants aux diplômes de l'une et l'autre classe prennent part aux travaux pratiques. Ces travaux sont obligatoires pendant les trois années et comprennent nécessairement : la chimie minérale, la chimie organique, la chimie analytique, la toxicologie, la pharmacie, la micrographie et la physique.

Art. 10. — Les candidats au diplôme de l'une et l'autre classe ne sont admis à prendre la cinquième et la neuvième inscriptions qu'après avoir subi avec succès un examen de fin d'année. Les candidats au diplôme de 1re classe subissent en outre, avant de prendre la onzième inscription, un examen semestriel. Ces examens portent sur les matières enseignées pendant la période d'études à la fin de laquelle ils ont lieu, etc., etc.

Art. 12. — Après la douzième inscription, les étudiants dont la scolarité est régulière sont admis à subir les examens probatoires. Ces examens sont au nombre de trois, etc., etc.

B. — *Décret du 24 juillet 1889.*

Les matières des examens probatoires pour les grades de pharmaciens de 1re et de 2me classe, sont les suivantes :

PREMIER EXAMEN : SCIENCES PHYSICO-CHIMIQUES. — APPLICATIONS A
LA PHARMACIE.

Épreuve pratique. — Analyse chimique.
Épreuve orale. — Physique, Chimie, Toxicologie.

DEUXIÈME EXAMEN. — SCIENCES NATURELLES. — APPLICATIONS A LA
PHARMACIE.

Épreuve pratique. — Micrographie.
Épreuve orale. — Botanique, Zoologie, Minéralogie et Hydrologie.

TROISIÈME EXAMEN. — SCIENCES PHARMACEUTIQUES PROPREMENT DITES.

Première partie.

Épreuve pratique. — Essai ou dosage d'un médicament. —
Reconnaissance de médicaments simples et composés.
Épreuve orale. — Pharmacie chimique. — Pharmacie galénique.
— Matière médicale.

Deuxième partie.

Préparation de huit médicaments, chimiques ou galéniques. —
Interrogations sur ces préparations. — Quatre jours sont accordés
pour la deuxième partie de l'examen.

Cette deuxième partie du troisième examen pourra être rempla-
cée, après avis de l'École ou de la Faculté mixte, *par une thèse contenant des recherches personnelles.*

C. — *Décret du 12 juillet 1878, relatif au diplôme supérieur.*

Art. 5. — Un diplôme supérieur de pharmacien de première
classe pourra être délivré, *à la suite de la soutenance d'une thèse,*
aux pharmaciens de première classe licenciés ès sciences physiques ou ès sciences naturelles, ou qui, à défaut de l'une de ces
licences, justifieront :

1º Avoir accompli une quatrième année d'études dans une École
supérieure de pharmacie ou une Faculté mixte.

2º Avoir subi avec succès un examen sur les matières des licences ès sciences physiques et naturelles applicables à la pharmacie.

E. — *Décret du 31 juillet 1878.*

Art. 1ᵉʳ. — L'examen de validation de la quatrième année d'études pour obtenir le diplôme supérieur de pharmacien de première
classe, se divise en épreuves écrites, épreuves pratiques, épreuves
orales.

Art. 2. — *L'épreuve écrite* porte sur deux sujets distincts choisis
par le président du jury d'examen et afférents, l'un aux sciences
physico-chimiques, l'autre aux sciences naturelles.

Quatre heures sont accordées pour cette épreuve.

Art. 3. — *L'épreuve pratique* porte, au choix du candidat, sur
les sciences physico-chimiques ou sur les sciences naturelles.

Dans le premier cas, cette épreuve comprend :

1° Une expérience de physique ;

2° Une préparation et une analyse chimiques ;

3° La détermination de dix minéraux ayant trait à la matière médicale.

Dans le second cas, l'épreuve pratique comprend :

1° Une préparation d'anatomie végétale et une préparation d'anatomie zoologique ;

2° Une analyse de morphologie et d'organogénie végétales ;

3° La détermination d'un certain nombre de végétaux et d'animaux, ainsi que des produits pharmaceutiques tirés des règnes organiques.

Les préparations anatomiques seront accompagnées :

1° D'un croquis ou dessin représentant les parties mises en évidence ;

2° D'une description sommaire de ces parties ;

3° De l'indication de la place occupée, dans le règne végétal ou dans le règne animal, par les espèces qui ont fait le sujet de l'épreuve.

Épreuve orale. — Art. 4. — L'épreuve orale durera une heure au moins. Elle portera, au choix du candidat, ou sur les questions de physique ou de chimie ou sur les questions de botanique et de zoologie indiquées dans les programmes pour la licence ès sciences.

La lecture de ces documents montre qu'aucune autre profession libérale n'exige une plus grande variété de connaissances scientifiques et surtout une plus longue durée d'études professionnelles (6 ans pour les pharmaciens de 1re et de 2e classe — 8 ans au moins pour les pharmaciens supérieurs). Et l'on ne saurait s'étonner si, aujourd'hui comme autrefois, elle fournit au haut enseignement des savants de premier ordre : MM. Berthelot, Chatin, Milne-Edwards, Planchon, Jungfleisch, Moissan, Bourgoin, Riche, Guignard, Bouchardat, Prunier, Leroux, Marchand, Villiers, pour ne citer que les plus illustres.

Pour donner encore plus de garanties à la société, la loi a, avec raison, soumis le droit d'exercer la pharmacie et son exercice lui-même à des conditions multipliées et sévères, et telles que nulle autre profession n'en subit de plus onéreuses :

En effet: 1° Arrivé à l'âge de vingt-cinq ans, muni de ce diplôme si laborieusement et si chèrement acquis, le pharmacien peut ouvrir une officine au risque d'attendre longtemps une clientèle, ou acheter à un haut prix une officine plus ou moins achalandée ; et là, placé sous le coup d'une responsabilité effrayante, qui lui impose un rigoureux esclavage, assujetti à des mesures réglementaires minutieuses, il n'a d'autres privilèges que celui de vendre, et seulement sur les ordonnances des médecins, les seuls médicaments inscrits au Codex, ou achetés par le gouvernement ou formulés pour chaque cas particulier par les docteurs en médecine, ou les officiers de santé (tous autres médicaments ou remèdes étant qualifiés de remèdes secrets, il est interdit aux pharmaciens de les préparer ou de les vendre).

2° Il ne peut exercer simultanément aucune profession que la sienne.

3° Il a le droit de s'associer avec un autre pharmacien ; mais il lui est interdit de former avec une autre personne aucune espèce de société, même une société en commandite simple, car la loi veut qu'une pharmacie ne puisse être gérée que par son propriétaire, et exige que la propriété et le diplôme reposent sur la même tête.

4° Il ne lui est pas permis, ainsi que le déclare l'art. 3 de la loi du 5 juillet 1844, sur les brevets, de faire breveter les compositions pharmaceutiques ou les remèdes qu'il découvre, lesdits objets demeurant soumis aux lois et règlements spéciaux sur la matière.

5° Il est soumis à toutes les règles imposées aux médecins, concernant le secret, la responsabilité, la capacité de recevoir les dons et les legs, règles énumérées dans les articles 378, 210 et 320 du Code pénal, 909 du Code civil.

Ces considérations démontrent que les conditions scientifiques et morales, exigées des aspirants au diplôme de pharmacien, placent cette profession au rang des professions libérales et savantes, et qu'il importe de fortifier en elle ce caractère élevé avec toutes ses attributions. C'est ce que disait en 1863, la Société de pharmacie de Paris : « Si la pharmacie doit être à bon droit considérée comme une profession libérale, si le développement des sciences dont elle est une des applications, si le nombre croissant des produits naturels ou artificiels employés en médecine, si surtout l'énergie effrayante des agents toxiques divers qu'il appartient aux pharmaciens de préparer pour l'usage médical, si enfin les applications progressives des sciences à l'hygiène, exigent qu'ils offrent des garanties de savoir, de prudence, de loyauté et de désintéressement, n'est-ce pas à favoriser leurs aspirations libérales, à les élever dans la hiérarchie professionnelle, et à leur assurer une juste considération que doivent tendre les efforts du législateur ? »

Si, comme il est permis de l'espérer, les pouvoirs publics voulaient donner satisfaction au vœu de la Société de pharmacie de Paris, vœu qui exprime les desiderata du corps pharmaceutique français, il pourrait y parvenir en insérant dans le projet de loi les deux articles suivants :

1° La pharmacie, étant une profession à la fois savante et industrielle, le pharmacien ne peut pas être considéré comme un commerçant.

2° Le nombre des officines sera mis à l'avenir en rapport avec les besoins des populations, et leur répartition sera faite d'après un règlement d'administration publique à intervenir.

La limitation du nombre des officines est une question qui soulève au premier abord quelques objections ; on a même prétendu qu'il serait impossible de trouver un sénateur ou un député qui consente à déposer un amendement pour l'application d'une réforme aussi contraire aux principes de liberté qui dominent la politique actuelle de notre pays. Nous pensons que cette affirmation est prématurée, et qu'il est permis au contraire d'espérer que le législateur voudra bien prendre en considération les observations présentées sur la question en 1830, par la Faculté de médecine de Paris (1), par celle de Strasbourg (2), et par la haute commission des études médicales dans sa séance du 11 janvier 1846, rapport de M. Cap (3).

Opinion de la Faculté de Paris. — La Faculté de médecine de Paris s'exprime en ces termes : « Quant au nombre des pharmaciens et de l'espèce de décadence journalière qu'éprouve cette portion importante de l'art de guérir, l'attention de la Faculté a nécessairement été appelée sur une question d'un grand intérêt, celle de savoir s'il conviendrait de limiter le nombre des pharmaciens dans un certain rapport avec la population des diverses localités. La Faculté croit devoir livrer aux réflexions de l'autorité supérieure les considérations suivantes : On a généralement adopté, et la Faculté partage cette opinion, que la libre concurrence est le meilleur encouragement que le gouvernement puisse offrir à l'exercice de toutes les professions ; néanmoins, les pharmaciens semblent former une exception à la règle générale. En effet, la loi impose aux pharmaciens l'obligation de suivre un Codex, c'est-à-dire de préparer les médicaments par un mode déterminé et avec des substances spécifiques, de telle sorte que le pharmacien ne peut pas faire autrement que n'indique le Codex, même quand il serait certain de faire mieux et à meilleur marché.

« Il résulte des obligations imposées aux pharmaciens, que la libre concurrence n'apporte pour eux aucune chance d'amélioration, de perfectionnement ou d'économie. Il y a plus, la concurrence qui conduit toute autre industrie au perfectionnement, conduit nécessairement les pharmaciens à l'adultération des médicaments et à la fraude. Il n'existe pour eux d'autre moyen de délivrer les médicaments à meilleur marché qu'en les préparant mal ou autrement que le Codex, ce que la loi défend.

« Le pharmacien est donc dans une situation tout opposée

(1) de Beauchamp, *loc. cit.*, t. XL, 1828-1842, p. 15.
(2) de Beauchamp, *loc. cit.*, t. XL, 1842-1842, p. 15.
(3) de Beauchamp, *loc. cit.*, t. XLIX, 1842-1848, p. 204.

à celle de l'industriel ordinaire : l'avantage de la société
veut que la concurrence soit libre pour tous les industriels,
afin qu'ils arrivent à produire de meilleures choses à un
moindre prix ; l'avantage de la société veut que la concurrence entre les pharmaciens ne soit pas poussée trop loin,
de peur qu'ils ne soient tentés de remédier au malheur de
leur position par des moyens qui nuisent d'une manière si
grave à l'intérêt social. On voit tous les jours, contre le
principe de libre exercice, limiter le nombre de certaines
professions. Ne semblerait-il pas qu'il y aurait lieu de
limiter le nombre de pharmaciens qui pourraient tenir officine au milieu d'une population donnée? »

Opinion de la Faculté de Strasbourg. — La Faculté de Strasbourg disait de son côté ce qui suit : « Le nombre des pharmaciens n'étant point limité par la législation, ces établissements aujourd'hui très multipliés dépassent peut-être les
besoins de la population. N'est-il pas à craindre qu'un
pharmacien dont les bénéfices ne suffisent pas aux besoins
de sa famille, soit tenté de commettre à son profit des infi-
délités qu'il est presque toujours impossible de vérifier? Le
nombre des notaires est limité dans l'intérêt de la fortune
des particuliers ; pourquoi, dans l'intérêt de la santé publique, ne limiterait-on pas celui des pharmaciens ? »

« La société, disait M. Dumas dans une des séances de la
commission des hautes études médicales de 1845, a un intérêt
extrême à ce que la préparation des produits destinés à soulager l'homme malade soit exacte et sûre, et pour cela, il lui
faut trois choses : des hommes spéciaux ; des hommes
d'une moralité éprouvée; des hommes qu'aucun intérêt ne
puisse détourner de leur devoir, c'est-à-dire en nombre
limité. »

M. Cap s'exprimait ainsi sur cette question de la limitation,
devant la haute commission des études médicales (séance
du 11 janvier 1846) : « Nos institutions, je le sais, consacrent
la liberté illimitée de l'industrie et du commerce. On conçoit,
en effet, que le commerce et l'industrie vivent de liberté. Il

faut pouvoir produire, acheter et vendre sans entraves, parce que c'est ainsi que se forme la concurrence, laquelle entraîne l'abaissement des prix. La consommation s'en accroît, le travail en augmente et, en définitive, la société entière profite de tout ce mouvement.

« Mais la pharmacie est-elle seulement une industrie? Si cela était, pourquoi se verrait-elle assujettie à tant d'exigences, à tant de restrictions? Qu'a-t-elle de commun avec le commerce en général? N'est-il point évident que cette profession n'est point libre; qu'elle est placée en dehors du droit commun et par les volontés de la loi et par la nature même de son objet? La responsabilité du pharmacien est terrible, incessante; il est soumis à l'autorité, à une inspection spéciale, il ne peut ni cumuler deux sortes de commerce, ni étendre le sien; il ne peut former aucune sorte de société commerciale; il ne peut ni s'éloigner de sa résidence, ni donner l'essor à son génie commercial. Ce n'est donc pas pour lui qu'existe la liberté du commerce. Et d'ailleurs, à quoi lui servirait cette liberté? à faire naître la concurrence! Et qu'amènerait la concurrence? la baisse des prix, laquelle ne pourrait qu'entraîner l'altération des produits, car la consommation n'en augmenterait point. Les médicaments étant à bon marché, il faut croire qu'il n'y aurait pas pour cela plus de malades, à moins qu'au lieu de servir à la santé publique, les mauvais médicaments ne parvinssent à l'altérer.

« Mais, à côté de l'industrie générale qui ne connaît aucune restriction, aucune entrave, il y a des industries spéciales qui tiennent aux sciences par des points nombreux; ou bien qui se lient à la fortune du particulier, de telle manière que l'État doit en exiger des garanties de plusieurs natures, afin de rassurer le public dans ses intérêts les plus chers. Tels sont dans l'ordre judiciaire les avocats au Conseil d'État et à la Cour de cassation, les avoués, les notaires, les commissaires-priseurs, les huissiers. Tels sont ailleurs les agents de change, les courtiers, les facteurs de commerce; enfin, parmi les professions médicales, tels sont les pharmaciens. Or, il

est clair que si l'État exige ces garanties dans le but de protéger la fortune des citoyens, il peut le faire également quand
il s'agit de protéger leur santé ou leur vie. Dès qu'une profession, même scientifique, touche par quelque point au commerce, l'État peut en exiger des garanties d'une autre nature ;
mais il doit en même temps garantir celui qui l'exerce contre
une concurrence, une rivalité dont les conséquences seraient
surtout funestes à la société.

« Mais, dira-t-on, si les professions d'avoués, de notaires, etc.,
n'étaient pas limitées, en vertu d'un long usage, il est dou-
teux que nos idées actuelles se prétent à une semblable
mesure. A notre avis, ce serait un grand malheur et les
choses n'en iraient que plus mal. Il arriverait bientôt en
France ce qui se voit dans certains pays de liberté absolue
où toutes les professions de l'ordre judiciaire ou médical sont
mêlées et enchevêtrées, abîme effrayant dans lequel le plai-
deur, comme le malade, risque à chaque instant de voir s'en-
gloutir sa fortune comme sa santé.

« Il y a donc, comme on l'a remarqué judicieusement, deux
hommes dans le pharmacien : l'industriel et le savant. Pour
celui-ci, exigez toutes les conditions de capacité que réclame
l'importance de ses attributions. Quant à l'industriel, il lui
faut une compensation : c'est la certitude qu'en se consacrant
à l'un des services publics les plus difficiles, les plus exigeants,
il y trouvera une juste rémunération des sacrifices que l'obtention de son titre lui a imposés.

« *J'arrive à cette conséquence que la loi doit établir en principe
que le nombre des pharmaciens sera mis à l'avenir en rapport
avec les besoins des populations.*

« Il s'agit d'une mesure grave, contre laquelle s'élèveraient
peut-être de hautes susceptibilités, si nous ne nous hâtions de
développer notre pensée. Nous ne *demandons point une
limitation proprement dite, mais une distribution proportionnelle des officines*, suivant l'étendue des populations.

« La convenance d'une pareille mesure s'impose, mais comment la réaliser ?

« Il y aurait deux moyens d'y parvenir : *l'un indirect, l'autre direct.*

« On arriverait *peut-être à la limitation indirecte* en élevant les conditions de savoir, déjà si considérables. Mais on peut craindre aussi de dépasser le but : on éloignera un si grand nombre d'aspirants que ce service public ne tardera pas à se trouver compromis. D'ailleurs, on ne réaliserait pas ainsi une répartition rationnelle des praticiens selon les besoins des populations : les petites localités seront généralement abandonnées pour les villes ; dès lors dans beaucoup de communes rurales, les médicaments seront exclusivement préparés et vendus par le médecin, et l'on doit prévoir tous les inconvénients et tous les dangers d'un tel système trop généralisé.

« Le deuxième mode nous semble le plus juste, le seul praticable, puisqu'il garantit en même temps les intérêts du public et ceux des hommes qui se dévouent à son service. Du reste, il ne s'agit point d'une expérience à faire. Il suffit de jeter les yeux sur ce qui se pratique à cet égard chez les nations qui nous entourent.

« Deux systèmes diamétralement opposés sont depuis long-temps en exécution dans l'Europe. C'est d'un côté le système anglais, c'est-à-dire liberté entière, illimitée, on pourrait dire anarchie complète dans la profession. Eh bien, nulle part la pharmacie n'est dans une position plus précaire ; nulle part elle ne fait moins pour la science, car on ne cite aucune découverte importante que l'on puisse rapporter aux pharmaciens anglais. D'autre part, on trouve l'Allemagne, la Russie, la Suède, le Danemark, la Suisse, la Hollande, où la pharmacie est limitée et où ce système a de tout temps produit les plus heureux résultats, non seulement pour le service public, mais en faveur de la science et de la prospérité de l'art. Partout, dans cette partie de l'Europe, la pharmacie est placée au meilleur rang des professions scientifiques, partout les pharmaciens sont en possession du professorat des sciences physiques et naturelles ; leurs découvertes sont nombreuses, leur réputation élevée; ils jouissent d'une certaine aisance, ils sont savants et considérés. »

Les considérations précédentes nous semblent justifier la réforme demandée par le corps pharmaceutique et que nous avons formulée de la manière suivante : « Le nombre des officines sera mis à l'avenir en rapport avec les besoins des populations et leur répartition sera faite d'après un règlement d'administration publique à intervenir. »

Ce règlement pourrait reposer sur des bases dont la nature peut se concevoir à l'aide de l'exemple suivant : Un pharmacien, pourvu de son titre et qui songe à s'établir, a deux moyens à employer : acheter une pharmacie ou en créer une nouvelle.

Dans le premier cas, il pourra laisser l'établissement à sa place ou le transporter ailleurs ; cependant il ne pourra le faire qu'avec l'assentiment des écoles et facultés, sur avis motivé du Conseil central d'hygiène et de salubrité et de l'inspection des pharmacies, qui décideront si la localité préférée appelle un nouvel établissement, en consultant à cet effet la statistique médicale et les besoins de la population.

Dans le deuxième cas, le pharmacien ne pourra créer une officine qu'autant que les autorités dont nous avons parlé décideraient qu'il y a lieu d'en autoriser la fondation.

De cette manière, toute localité, une fois pourvue d'un nombre suffisant de pharmaciens, aucune autorisation ne serait accordée que dans le cas où la population se serait accrue au point d'y justifier la création d'une nouvelle officine. Enfin, il est évident que les grands centres une fois pourvus, les pharmaciens reflueraient successivement vers les localités éloignées, où du reste leur établissement ne serait autorisé qu'autant que l'étendue de la population environnante en ferait sentir l'opportunité.

Si le nombre des officines est limité, diront quelques esprits chagrins, le public sera exposé à payer les médicaments plus cher. C'est là une objection sans valeur à laquelle il importe cependant de répondre.

Dans un article très bien fait, intitulé : *La profession de phar-macien au point de vue de la santé publique*, M. le Dr Armain-gaud, professeur agrégé à la Faculté de médecine de Bordeaux, s'exprime ainsi : « Il n'y a pas de profession sur laquelle la masse de la population — et dans toutes les classes de la société — ait des idées aussi erronées, contre laquelle elle nourrisse des préventions et des préjugés aussi injustes que celle de pharmacien. Convaincu que le pharmacien lui vend ses médicaments beaucoup trop cher, c'est presque toujours avec un certain regret et en protestant (au moins dans son for intérieur, quand ce n'est pas ostensiblement) que le client paie le compte des médicaments qu'il lui a fournis. Aussi, s'attachant trop rarement à son pharmacien et le considérant comme un simple industriel, il le quitte avec une facilité dé-plorable dès qu'il croit savoir ou qu'il apprend par les an-nonces des journaux que tel autre offre ses produits à des prix moins élevés. En délaissant un pharmacien d'une répu-tation établie et méritée pour s'adresser à un autre qu'il ne connaît pas, vers lequel ne l'attire aucun motif spécial de confiance, et qui n'a d'autre titre à sa préférence que la mo-dicité de ses prix, le client risque souvent de perdre beaucoup plus en sécurité, en services rendus, qu'il ne gagne en béné-ficiant de la différence de prix. »

M. le professeur Armaingaud a raison ; en effet, le public ne soupçonne pas combien peuvent être nombreuses en phar-macie les fraudes de tous genres ; il ignore que, trop souvent, le pharmacien probe et consciencieux tire à peine un gain honorable de son débit annuel, quoique ses prix soient élevés, tandis que son confrère, plus perfidement habile, attire à lui la clientèle et sait, par des expédients que l'honneur réprouve, se récupérer avec la plus grande facilité des prétendus sacri-fices qu'il a semblé faire.

Le pharmacien, qui a fait des études très longues, subi des épreuves difficiles, dont la responsabilité est terrible, puisqu'il tient entre ses mains la vie de ses semblables, peut-il se con-tenter d'un bénéfice mercantile ordinaire et n'a-t-il pas droit de réclamer des honoraires qui, comme tous ceux accordés aux professions savantes, peuvent varier à l'infini, suivant les cas où on les accorde et suivant la position de celui qui les obtient ? Ce fait est généralement accepté et il explique et justifie la différence considérable qui existe entre la valeur vénale et la valeur intrinsèque des médicaments.

Les pharmaciens qui ont conservé le sentiment de leur dignité, et c'est encore le plus grand nombre, savent que c'est un devoir pour eux d'établir le prix de leurs médicaments suivant l'impulsion de leur conscience et les maximes de l'équité la plus austère, et non par caprice et par fantaisie. S'il en est parmi eux qui ne voient dans leur art qu'un moyen de gagner vite de l'argent et qui, pour y arriver, adoptent sans vergogne, à leur profit, jusqu'à la limite tracée par le Code pénal, le principe des anciens charlatans : *Vulgus vult decipi, ergo decipiatur*, ils sont aussi méprisables que le seraient les médecins ou les avocats prévaricateurs et indignes d'appartenir à une profession dont l'intégrité absolue est le premier de tous les devoirs. Il serait facile, du reste, pour prévenir et réprimer les abus toujours possibles, de confier à des chambres de discipline le soin de régler le prix des médicaments qu'on supposerait trop élevé.

Chambres de discipline. — Nous venons de parler des chambres de discipline et, à ce propos, il serait désirable, comme le demande du reste la grande majorité du corps pharmaceutique, que le principe de la création de ces chambres fût inscrit dans le nouveau projet de loi.

L'institution des chambres de discipline a été bien souvent réclamée ; il suffit, pour s'en convaincre, de parcourir les projets de loi sur la médecine et la pharmacie dont nous avons donné précédemment la nomenclature.

On s'est demandé si leur création était nécessaire ; si ces chambres ne feraient pas revivre les inconvénients et le despotisme des anciennes corporations ; si les lois et les formes actuelles étaient impuissantes contre les délits qui peuvent se commettre dans l'exercice des diverses branches de l'art de guérir ; si une garantie extra-légale était plus utile, par rapport à ces professions, que pour un très grand nombre d'autres qu'on ne songe pas à y assujettir. Consulté sur la question, en ce qui touche la médecine, le Comité consultatif d'hygiène publique de France, sur le rapport de M. le Dr Martin, a repoussé le principe de cette institution.

Il est permis cependant de se demander, en particulier en ce qui concerne la pharmacie, si ces chambres ne présenteraient pas de sérieux avantages.

On a dit très justement, pour en justifier l'utilité : Les lois poursuivent les contraventions graves, les délits et les crimes, mais elles sont sans action contre une foule d'abus, de désordres, de vices et de torts particuliers, qui blessent l'opinion, la morale, les convenances et tendent à déconsidérer un art qui a besoin plus qu'un autre de se concilier l'estime publique. C'est pour la dignité de l'art qu'il est désirable de voir les hommes qui s'y distinguent le plus, surveiller eux-mêmes l'exercice d'une profession dont l'honneur doit leur être à cœur. La probité et le désintéressement se rencontrent assurément dans un très grand nombre de pharmaciens ; mais il faut avouer qu'il en est qui semblent méconnaître la dignité de leur état, ignorer la gravité de leurs devoirs, oublier ce qu'ils se doivent et ce qu'ils doivent aux autres. De pareils torts ne donnent pas lieu à des poursuites judiciaires ; peut-être seraient-ils prévenus ou arrêtés par la surveillance des chambres de discipline. Les avocats et les notaires s'applaudissent de cette institution, elle ne serait pas moins profitable à la pharmacie. En effet, elle retiendrait dans les bornes sévères de l'honneur les hommes qui, par oubli, par faiblesse, peut-être aussi par calcul, pourraient être tentés de s'en écarter ; par une action préventive essentiellement morale, elle deviendrait la sauvegarde de la dignité professionnelle qu'elle saurait protéger et défendre en tous lieux et dans toutes les circonstances.

Nous n'insisterons pas sur l'organisation et les attributions de ces conseils qui pourraient être calquées sur celles du conseil de l'ordre des avocats, des chambres de notaires, d'avoués, d'agents de change, et déterminées par un règlement d'administration publique (1).

Beaucoup de sociétés ont déjà constitué dans leur sein des chambres de discipline ; nous citerons comme exemple le comité disciplinaire créé par la Société de prévoyance et chambre syndicale des pharmaciens de 1re classe du département de la Seine, dont nous rapportons plus loin les statuts.

Il conviendrait de donner à ces chambres une existence légale et de demander au législateur de vouloir bien introduire dans le nouveau projet de loi, l'article suivant : « *Il sera créé dans chaque département une chambre pharmaceutique de discipline dont l'organisation et les attributions seront déterminées par un règlement d'administration publique.* »

Règlement du Comité disciplinaire de la Société de prévoyance et Chambre syndicale des Pharmaciens de 1re classe du département de la Seine.

Art. 1er. — La Chambre syndicale des pharmaciens de 1re classe de la Seine, soucieuse, dans un but d'intérêt général, d'assurer le maintien des traditions d'honorabilité et de loyauté qui doivent rester inséparables de l'exercice de la profession, a décidé la création d'une Commission spéciale qui prendra le nom de *Comité disciplinaire.*

Art. 2. — La mission du Comité sera strictement limitée à provoquer la répression et la poursuite du délit de droit commun qualifié de tromperie sur la nature, la qualité et la quantité des marchandises vendues.

Art. 3. — Cette Commission sera composée de douze membres. Les Président, Vice-Président et Secrétaire général de la Chambre syndicale en feront partie de droit, avec leurs fonctions respectives. Les neuf autres membres, pris en dehors du Conseil, à l'exception des Présidents honoraires, qui seront toujours éligi-

---

(1) Consulter pour cette organisation, *Enquêtes et documents relatifs à l'enseignement supérieur : Médecine et Pharmacie, projets de lois* recueillis et publiés par M. de Beauchamp, t. XXXVII, 1803-1827, pp. 8, 21, 158, 273, 276, 299, 320, 338, 345, 351, 357, 367, 374; t. XL, 1828-1842, pp. 43, 69, 135, 242, 298, 303, 314; t. XLIX, 1842-1848, pp. 258, 265.

bles, devront tous appartenir à la Chambre syndicale et seront élus en Assemblée générale à la majorité des suffrages.

Pour faciliter cette opération, une liste de candidats en nombre double de ceux à élire, sera dressée par le Conseil d'administration de la Chambre syndicale assisté des Présidents honoraires, convoqués à cet effet.

La liste des candidats et la lettre de convocation seront envoyées à tous les membres de la Société, au moins quinze jours avant l'élection.

Le vote par correspondance sera mis en vigueur tel qu'il est déterminé par l'article 34 du règlement de la Société de prévoyance.

Nul, à l'exception des Présidents honoraires, ne pourra être élu, s'il n'a exercé la pharmacie pendant dix ans, dans une officine ouverte au détail.

Art. 4. — La durée du mandat des neuf membres élus par l'Assemblée générale, sera de trois ans, sauf l'exception prévue par l'article 5.

Art. 5. — Ces membres seront soumis à un renouvellement par tiers chaque année.

Le premier renouvellement des membres de la Commission aura lieu à la fin de la seconde année, en 1894.

Le tirage au sort fixera les noms des membres sortants à la fin de la deuxième et de la troisième année.

Art. 6. — Les membres sortants sont rééligibles.

Art. 7. — Le Président est chargé de présider les séances du Comité disciplinaire; les convocations sont faites, sur son invitation, par le Secrétaire.

Il reçoit les plaintes signées qui pourraient lui être adressées relativement à l'exercice déloyal de la profession et les soumet au Comité disciplinaire, dans sa réunion mensuelle. Il est chargé de toutes les démarches qui pourraient être faites auprès des autorités publiques concernant le fonctionnement du Comité disciplinaire.

Art. 8. — En cas de maladie, d'absence ou d'empêchement quelconque, le Président est remplacé, dans les diverses attributions qui lui sont confiées, par le Vice-Président.

Art. 9. — Le Secrétaire est chargé de la correspondance officielle du Comité disciplinaire.

Il en convoque les membres sur l'avis qui lui en est donné par le Président et il rédige les procès-verbaux des séances. En cas de maladie ou d'absence, le Comité désigne un de ses membres pour le suppléer.

Art. 10. — Le Comité disciplinaire tiendra chaque mois, plus souvent en cas d'urgence, une séance qui sera consacrée à l'examen de toute plainte signée, adressée au Président.

Art. 11. — Si la plainte portée devant le Comité paraît justifiée, un avertissement sera donné par le Président, avec consignation au procès-verbal du Comité disciplinaire.

Art. 12. — Dans le cas de seconde plainte fondée contre le même pharmacien, moins de deux ans après la première, l'avertissement sera donné sous forme de blâme avec menaces de provoquer des poursuites en cas de récidive.

Art. 13. — Après une troisième constatation et avant qu'il soit donné suite à la plainte, un rapport écrit et détaillé de l'affaire sera soumis au Conseil de la Chambre syndicale qui, seul, jugera s'il y a lieu de provoquer des poursuites.

Les produits incriminés seront soumis à l'expertise d'un professeur de l'École de Pharmacie.

La Chambre syndicale pourra se porter partie civile, en raison du préjudice causé à la profession.

Art. 14. — Tous les frais occasionnés par le fonctionnement du Comité disciplinaire seront supportés par la Chambre syndicale.

Pour copie conforme :

Le Président, MILVILLE.

Nous avons terminé les considérations générales que nous désirions présenter à propos de la nouvelle législation pharmaceutique ; nous allons maintenant commenter, article par article, les dispositions des nouveaux projets de loi, élaborés par la Chambre des députés et le Sénat, en les rapprochant, chemin faisant, de la législation, de la doctrine et de la jurisprudence antérieures, et en indiquant en outre les modifications qu'il serait désirable de voir introduire dans ces projets.

Disons tout d'abord que les principales modifications apportées à l'ancienne législation de la loi du 21 germinal an XI sont les suivantes :

1° Suppression des pharmaciens de 2ᵉ classe (art. 2 du projet de la Chambre des députés et du Sénat) ;

2° Abrogation de l'article 16 de la loi du 21 germinal

an XI, relatif à l'âge de vingt-cinq ans, exigé des pharmaciens pour exercer leur profession ;

3° Délivrance du diplôme de 2° classe, supprimé par la loi, aux élèves qui auront pris une ou plusieurs inscriptions de stage ou de scolarité avant la promulgation de la présente loi, mais pendant un délai qui ne pourra pas dépasser *(8 ans d'après le projet de la Chambre des députés, 10 ans, d'après le projet du Sénat)*, à partir de cette promulgation (Dispositions transitoires du projet de la Chambre des députés et du Sénat) ;

4° Droit accordé aux pharmaciens pourvus du diplôme de 2° classe, d'exercer sur tout le territoire de la République (Dispositions transitoires, § 2, du projet de la Chambre des députés et de celui du Sénat) ;

5° Obligation pour les pharmaciens étrangers, qui voudront exercer en France, d'y obtenir le diplôme de pharmacien (art. 3 du projet de la Chambre des députés et du Sénat) ;

6° Obligation pour les étudiants étrangers qui postulent le diplôme de pharmacien de se soumettre aux mêmes règles de stage, de scolarité et d'examens que les étudiants français (art. 4 du projet de la Chambre des députés et du projet du Sénat) ;

7° Faculté d'autoriser les internes en pharmacie nommés au concours et les étudiants en pharmacie dont la scolarité est terminée, à exercer la pharmacie en temps d'épidémie ou à titre de remplaçant d'un pharmacien (art. 6 du projet de la Chambre des députés et art. 6 du projet du Sénat) ;

8° Obligations diverses imposées aux pharmaciens, en particulier celles de ne pouvoir tenir qu'une seule officine, d'avoir son nom inscrit sur ses étiquettes et sur ses factures, d'avoir sa résidence habituelle dans la localité où il exerce sa profession (art. 7 du projet de la Chambre des députés et art. 7 du projet du Sénat) ;

9° Spécification des sociétés commerciales qui peuvent être formées pour l'exploitation des officines ou pour celle des établissements consacrés à la fabrication et à la vente en gros des produits ou préparations pharmaceutiques (art. 8 du projet de la Chambre des députés et art. 8 du Sénat) ;

10° Droit accordé à la veuve ou aux héritiers d'un pharmacien décédé de faire gérer l'officine, à partir du jour du décès, pendant un temps et dans des conditions déterminés (art. 9 du projet de la Chambre des députés et art. 10 du Sénat) ;

11° Défense de toute entente entre médecin et pharmacien (art. 10 du projet de la Chambre des députés et art. 11 du Sénat) ;

12° Exercice simultané des professions de médecin et de pharmacien. — Cas où il est défendu et où il est permis (art. 12 du Sénat, § 1) ;

13° Vente des médicaments par les médecins, en cas d'absence de pharmaciens dans la localité (art. 11 de la Chambre des députés et art. 12 du Sénat, § 2 et 3) ;

14° Administration des médicaments par les médecins en cas d'urgence (art. 11 de la Chambre des députés, § 2, et art. 15 du Sénat, § 3) ;

15° Vente des médicaments par les vétérinaires (art. 11 de la Chambre des députés, § 3, et art. 12 du Sénat, § 4) ;

16° Conditions dans lesquelles les pharmaciens peuvent délivrer des médicaments sans ordonnances de médecins (art. 12 de la Chambre des députés, art. 13 du Sénat, § 3) ;

17° Liste des médicaments que les pharmaciens ne peuvent pas délivrer sans ordonnances de médecins. Conditions imposées pour cette vente (art. 13 de la Chambre des députés, art. 13 du Sénat, § 1 et 2). Formalités relatives à la rédaction des formules des médecins, à leur copie, à l'apposition du timbre (art. 13 de la Chambre des députés, § 2, 3, 4, 5, et art. 13 du Sénat) ;

18° Autorisation de la vente libre par toutes personnes de certains médicaments simples et substances dont la liste sera portée au Codex. Suppression des herboristes comme conséquence (art. 15 Chambre des députés). Rétablissement des herboristes (art. 16 du Sénat) ;

19° Création d'un corps d'inspecteurs de la pharmacie (art. 16 de la Chambre des députés) ;

20° Droits accordés à certains établissements d'être propriétaires d'une pharmacie et de la faire gérer dans certaines conditions (art. 17 de la Chambre des députés, § 1, 2, 3, 4, 5, 6, art. 17, § 1, 2, 3, 5, du Sénat) ;

21° Obligation pour les pharmaciens de fournir des médicaments, à des conditions et des prix établis par un règlement d'administration publique, à certains établissements d'assistance publique (art. 17 de la Chambre des députés, § 7, et art. 17 du Sénat, § 4) ;

22° Conditions dans lesquelles doit être publiée et rédigée la pharmacopée légale ou Codex (art. 18 de la Chambre des députés, art. 18 du Sénat) ;

23° Aggravation, extension et création des pénalités relatives aux infractions commises contre la loi sur l'exercice de la pharmacie (art. 19, 20, 21, 22, 23, 24 de la Chambre des députés, art. 19, 20, 21, 22, 23, 25 et 26 du Sénat) ;

24° Faculté accordée aux préfets et aux tribunaux d'ordonner la fermeture de toute officine illégalement ouverte (art. 24 du Sénat) ;

25° Faculté accordée aux tribunaux de prononcer la suspension temporaire ou l'incapacité absolue de l'exercice contre les pharmaciens condamnés par la justice criminelle ou correctionnelle, soit en France, soit à l'étranger (art. 26 du Sénat) ;

26° Promesse de revision de l'ordonnance du 29 octobre 1846 et du décret du 8 juillet 1850 concernant la vente des substances vénéneuses (art. 25 de la Chambre des députés, art. 29 du Sénat) ;

27° Application de la nouvelle loi à l'Algérie et aux colonies (art. 26 de la Chambre des députés et art. 30 du Sénat) ;

28° Abrogation des arrêts, lois, décrets, ordonnances antérieurs contraires à la nouvelle loi (art. 27 de la Chambre des députés, art. 30 du Sénat) ;

Il convient d'ajouter, pour être complet, que la nouvelle loi sur la médecine contient deux articles (art. 11 et 12) applicables à la pharmacie, et que les projets de loi adoptés par la Chambre des députés et le Sénat ont oublié de rappeler.

L'*article* 11 est relatif à la substitution de la prescription biennale à la prescription d'un an pour l'action des docteurs, officiers de santé, sages-femmes, *pharmaciens*, en paiement de leurs honoraires et médicaments.

L'*article* 12 est relatif à l'extension du privilège aux frais de la dernière maladie, même non suivie du décès du malade.

Texte et commentaires des projets de loi adoptés par la Chambre des députés le 30 juin 1893 et par le Sénat le 31 décembre 1894.

ART. Iᵉʳ. — CHAMBRE DES DÉPUTÉS.	ARTICLE Iᵉʳ. — SÉNAT.
Nul ne peut exercer la profession de pharmacien en France, s'il n'est muni d'un diplôme de pharmacien, délivré par le gouvernement français à la suite d'examens subis devant un établissement supérieur de pharmacie de l'État.	Nul ne peut exercer la profession de pharmacien, s'il n'est muni d'un diplôme de pharmacien délivré par le gouvernement français à la suite d'examens subis devant un établissement d'enseignement supérieur de pharmacie de l'État.

Cet article manque de précision. On sait, en effet, qu'il existe cinq sortes d'établissements d'enseignement supérieur de pharmacie de l'État : les écoles supérieures de pharmacie, les facultés mixtes de médecine et de pharmacie, les écoles de plein exercice de médecine et de pharmacie, les écoles préparatoires réorganisées, les écoles préparatoires de médecine et de pharmacie. Or, comme ces établissements ne possèdent pas les mêmes droits au point de vue de la délivrance des diplômes, il serait nécessaire, pour éviter toute équivoque, de modifier la rédaction de l'article 1ᵉʳ de la manière suivante :

Nul ne peut exercer la profession de pharmacien, en France, s'il n'est muni d'un diplôme délivré par le gouvernement français à la suite d'examens subis devant un établissement supérieur pharmaceutique de l'État désigné dans les règlements rendus après avis du Conseil supérieur de l'instruction publique et d'après les programmes élaborés par le même conseil.

L'article 1ᵉʳ de la loi sur la médecine contient au paragraphe 2 la disposition suivante : « Les inscriptions précédant les deux premiers examens probatoires pourront être prises et les deux premiers examens probatoires subis devant une école réorganisée. »

Cette disposition, qui règle une question relative à la scolarité, a eu pour but de maintenir et de développer la clientèle des écoles préparatoires, selon les engagements pris à la séance de la Chambre du 17 mars 1891, par M. Bourgeois, ministre de l'instruction publique. Voici, en effet, ce que disait M. le Ministre : « En outre, dans l'organisation même de la scolarité médicale, notre pensée est de développer et d'étendre un des bénéfices qui sont aujourd'hui accordés à certaines écoles de médecine et de pharmacie. Nous voulons tout d'abord étendre à toutes les écoles de médecine une mesure qui a été considérée comme très favorable aux écoles de plein exercice : je veux parler du droit, pour les écoles dont il s'agit, de voir un jury de faculté se transporter auprès d'elles pour y faire passer certains examens, ce qui dispense les élèves de se transporter au chef-lieu de la faculté. Ce droit appartiendrait désormais à toutes les catégories d'écoles médicales. Il est à remarquer, en effet, qu'une fois partis pour les facultés, les élèves ne reviennent plus à l'école; eh bien, dorénavant ils seront retenus dans les écoles secondaires pendant tout le temps de leurs études. Voilà un ensemble de mesures qui aurait pour les écoles secondaires des avantages certains et qui contribuerait à maintenir et à accroître leur clientèle. Nous devons prendre toutes les mesures nécessaires pour qu'elles ne soient pas atteintes par les effets du projet de loi en discussion. Le gouvernement pense qu'il y a lieu de les conserver et de les fortifier. Elles constituent, suivant nous, des foyers d'études supérieures qu'il serait regrettable de voir affaiblir ou disparaître. »

Il serait désirable d'insérer dans l'article 1er de la loi sur la pharmacie, une disposition analogue, car il est certain que si on ne donne pas soit aux écoles de plein exercice, soit aux écoles préparatoires réorganisées ou non, d'autres droits que ceux qu'elles possèdent actuellement pour la délivrance des diplômes, elles seront frappées par la suppression des pharmaciens de 2ᵉ classe demandée par l'article 2 du projet de loi, d'un amoindrissement ou d'une mort presque inévitables. Les règlements sur la réforme de l'enseignement pharmaceutique, qui seront édictés par le Conseil supérieur de l'instruction publique, auront à déterminer les droits nouveaux à accorder à ces écoles; nous n'insisterons donc pas sur ce point et nous nous bornerons, sans formuler aucune proposition précise, à signaler la question à l'attention du législateur.

Art. 2. — Chambre des députés.	Art. 2. — Sénat.
Désormais, il ne sera plus délivré qu'un seul diplôme de pharmacien.	Désormais, il ne sera plus délivré qu'un seul diplôme de pharmacien, correspondant au diplôme de 1ʳᵉ classe, existant lors de la promulgation de la présente loi. Il n'est rien innové en ce qui touche le diplôme supérieur de pharmacien de 1ʳᵉ classe créé par le décret du 12 juillet 1878.

Cet article supprime implicitement les pharmaciens de 2ᵉ classe, maintenus cependant d'une manière exceptionnelle, par les dispositions transitoires des deux projets de loi. A notre avis, l'article 2 aurait dû faire mention de cette exception.

La suppression des pharmaciens de 2ᵉ classe est le point saillant de la nouvelle loi. Cette disposition a donné lieu à de vives discussions à la Chambre des députés, au Sénat et dans la presse, et ce n'est pas sans peine que l'accord a pu s'établir sur ce sujet délicat. Nous en trouvons la preuve, en lisant les projets de loi proposés sur l'exercice de la pharmacie et dont nous avons donné la nomenclature. M. le rapporteur Cornil et l'éminent directeur de l'enseignement supérieur, M. Liard, ont présenté à ce sujet des considérations très remarquables auxquelles nous n'ajouterions rien si nous n'avions pas appris que la question devait être encore soulevée lors de la nouvelle discussion de la loi.

Au point de vue des principes, tout le monde est d'accord pour demander l'unification du titre pour l'exercice de la profession pharmaceutique, mais on fait contre ce diplôme unique un certain nombre d'objections :

Depuis les réformes introduites pour la réception dés pharmaciens de 2e classe par les décrets du 15 juillet 1875, du 12 juillet 1878, du 31 août 1878, du 26 juillet 1885 et du 24 juillet 1889, on peut affirmer, dit le Comité consultatif d'hygiène de France dans son rapport du 6 novembre 1886, qu'au point de vue de la technique professionnelle, ce titre fournit à la société des hommes dont la capacité est incontestable. Ce point essentiel étant admis, on peut faire valoir en faveur de la conservation du second diplôme une considération d'ordre social importante : l'instruction pharmaceutique des deux classes diffère peu, mais leur recrutement ne se fait pas généralement dans les mêmes rangs de la société. La famille, qui désire pour son fils le diplôme de 1re classe, possède des ressources financières assez grandes pour lui donner une éducation secondaire complète, sanctionnée par le diplôme de bachelier ès sciences ou ès lettres. Il nous paraît certain qu'en étendant ces exigences d'instruction universitaire à tous les pharmaciens, on risque grandement de mettre au recrutement de nouveaux élèves un obstacle tel, que le nombre des pharmaciens devienne insuffisant pour toute l'étendue du territoire. Grâce à la période transitoire, cette conséquence fâcheuse ne sera pas immédiate, mais elle doit être prévue pour l'époque où, dans un avenir prochain, la loi portera ses fruits.

A cette première objection, on peut répondre : La pharmacie est une profession savante comme la médecine. L'exigence du baccalauréat pour les élèves qui s'y destinent fait disparaître le caractère de négoce qui dominait autrefois, pour mettre à la place celui de science et de service public. La conséquence de cet état de choses, éminemment favorable à la santé humaine, est de faire disparaître en même temps les deux ordres de pharmaciens et les modes d'admission à cette profession. Si l'on n'exigeait pas de tous les directeurs d'officines les mêmes conditions scientifiques, il est évident que

certaines populations seraient compromises dans un service,
plus dangereux que celui de la médecine même, lorsqu'il est
mal fait, pour la santé et la vie des hommes. Si on exige de
tous, sans exception, ces conditions élevées, il n'y a nul intérêt, il n'y aurait aucune possibilité d'introduire des distinc-
tions entre les hommes qui auront donné à la société de
telles garanties.

Il est inexact de dire que les pharmaciens de 1re et de
2e classe présentent, malgré la presque conformité du régime d'études, la même valeur scientifique

Certes, dit M. le professeur Blarez, de Bordeaux (1), nous
sommes les premiers à reconnaître qu'il y a incontestable-
ment parmi les pharmaciens de 2e classe et parmi les élèves
du même ordre, des personnes dignes à tous égards, soit par
l'intelligence, soit par le savoir, d'être mises au premier
rang de la profession, de même que parmi les pharmaciens
de 1re classe, il en est qui mériteraient d'être de 3e ou de
4e ordre, si la chose existait. Mais il ne faut pas considérer
les exceptions, il ne faut voir que la moyenne des faits; or
si on consulte les statistiques des examens, on voit qu'en
général le nombre des ajournés des élèves de 2e classe est
supérieur à ceux des élèves de 1re classe et que les bonnes
notes *très bien*, *bien*, *assez bien* sont principalement l'apanage
de ces derniers.

Il n'est pas à craindre que l'exigence d'une éducation secondaire complète mette obstacle au recrutement des pharmaciens. En effet, depuis le commencement du siècle, les
pouvoirs publics n'ont pas cessé de s'occuper des pharmaciens de 2e classe, notamment en ce qui concerne leur mode
de recrutement et de réception. Aujourd'hui, durant toute
leur scolarité, ils suivent les mêmes cours, les mêmes exer-
cices pratiques et subissent des examens identiques à ceux de
la 1re classe. La seule différence réside dans le diplôme de
bachelier exigé de ceux de 1re classe et remplacé pour ceux

____

(1) Blarez : *La Question pharmaceutique*, p. 14.

de 2ᵉ classe par un certificat d'étude institué par le décret du 30 juillet 1886, modifié par celui du 25 juillet 1893.

Lorsqu'il n'y aura plus qu'une seule classe de pharmaciens, le baccalauréat seul sera demandé. C'est le minimum qu'on puisse exiger à l'heure actuelle, surtout avec le développement des moyens d'instruction que l'on trouve aujourd'hui facilement partout. La famille, qui n'est pas en situation de faire donner à son enfant cette instruction universitaire, ne sera-t-elle pas encore plus gênée pour lui faire entreprendre ses études pharmaceutiques et subvenir aux dépenses considérables qu'elles entraînent? D'ailleurs, ce n'est jamais un mal pour un pharmacien d'entrer dans la carrière avec un peu de fortune ; c'est une garantie d'indépendance et de moralité. C'est ce que disait expressément la Faculté de médecine de Paris dans la réponse motivée qu'elle adressait au ministère de l'instruction publique relativement à un projet de loi sur la médecine (1) : « La pharmacie, outre qu'elle exige de la science et constitue un art, est en outre une *opération commerciale qui comporte des spéculations et un capital*; un homme sans fortune peut devenir un médecin habile ; un pharmacien doit nécessairement posséder ou se procurer un capital assez considérable pour exercer sa profession : d'où cette conclusion qu'il n'y a aucune raison de faciliter aux hommes sans fortune l'accès dans cette carrière, qu'il faudrait même les en éloigner puisqu'ils manquent du principal moyen de faire utilement et honorablement des opérations commerciales. La Faculté ne voit aucune utilité et beaucoup d'inconvénients à admettre deux ordres de pharmaciens. » Nous ajouterons : Il ne suffit pas pour un pharmacien d'obtenir son diplôme ; il doit, pour exercer, créer ou acheter une officine. Un homme sans aucune fortune (*nous entendons celui qui n'aurait pas eu assez de ressources pour faire ses études classiques*) éprouvera beaucoup de difficultés pour trouver l'argent qui lui sera néces-

(1) de Beauchamp, *Loco citato*, t. XL, 1828-1842, p. 61.

saire et sera forcé, dans beaucoup de cas, afin de pouvoir s'établir, de contracter avec des bailleurs de fonds des associations que les lois anciennes et nouvelles défendent avec raison et qu'elles frappent de pénalités sévères.

En demandant de conserver les pharmaciens de 2ᵉ classe afin d'assurer le recrutement d'un nombre assez considérable de pharmaciens pour le pays tout entier, le Comité consultatif d'hygiène publique de France proposait de confiner ces pharmaciens dans les localités pour lesquelles ils avaient été primitivement créés, de diviser le pays en deux zones pharmaceutiques pour donner des pharmaciens de premier ordre aux citadins et des pharmaciens de second ordre aux paysans. L'article 2, paragraphe 2, disait en effet : « Les pharmaciens de 2ᵉ classe ne peuvent s'établir ni dans les chefs-lieux de département et d'arrondissement, ni dans les villes dont la population dépasse 10,000 habitants. » Et comme il reconnaissait lui-même la supériorité de la valeur scientifique des pharmaciens de 1ʳᵉ classe sur ceux de 2ᵉ, le Comité consultatif ajoutait : « Les pharmaciens de 2ᵉ classe ne peuvent exercer les fonctions d'experts près des tribunaux, ni celles de pharmaciens des hôpitaux ou hospices. » Cette proposition du Comité consultatif d'hygiène publique de France ne nous paraît pas soutenable : On ne conçoit pas, en effet, qu'un homme dont les connaissances seraient jugées insuffisantes pour exercer la pharmacie dans une localité, soit admis à la pratiquer dans une autre, et personne ne voudra dire, personne ne consentira à écrire dans la loi qu'il y a deux sortes de santés et de vies humaines et que les habitants des villes et ceux des campagnes ne doivent pas être pour le législateur l'objet d'une même sollicitude. Il est même à remarquer que, s'il y avait une distinction à établir, il serait à désirer que, dans les campagnes, les pharmaciens fussent plus instruits, parce que dans ces localités, les pharmaciens étant pour ainsi dire isolés, doivent trouver dans leur propre fonds les lumières qui leur sont souvent nécessaires et que leurs confrères habitant les grandes villes peuvent se procurer en ayant recours aux hommes les plus instruits dans les sciences et en usant de tous les moyens que peuvent fournir les collections et les bibliothèques publiques. Du reste, comme le dit très justement M. le rapporteur Cornil, le pharmacien des petites localités y est le seul chimiste, le seul qui puisse être consulté sur les analyses des substances alimentaires, des eaux potables, des poisons. De ce qu'il est isolé, il ne s'ensuit pas qu'il puisse avoir un degré moindre d'instruction, tout au contraire.

On a dit encore que la suppression des pharmaciens de 2e classe, qui forment la clientèle des écoles de plein exercice, des écoles préparatoires de médecine et de pharmacie, porterait un coup funeste à l'existence de ces écoles pour la création desquelles un certain nombre de villes se sont imposé de lourds sacrifices d'argent. Cette objection est sérieuse, mais il serait facile d'éviter les dangers que l'on redoute, en adoptant pour la pharmacie les mesures proposées par l'article 1, paragraphe 2, de la loi sur la médecine, mesures que j'ai indiquées et qui ont eu pour but de maintenir et de développer la clientèle des écoles préparatoires, conformément aux engagements pris par M. Bourgeois, ministre de l'instruction publique, et dont j'ai rapporté le texte, page 33.

Nous croyons avoir répondu aux objections que l'on pourrait formuler contre la suppression du diplôme de pharmacien de 2e classe. Cette suppression, admise par les projets de loi, tend de plus en plus à s'opérer en fait. Il suffit, pour s'en convaincre, de consulter les statistiques des dernières années, pour voir que dans toutes les facultés et écoles, le nombre des candidats à la 1re classe augmente, tandis que celui de la 2e classe diminue de plus en plus. La loi militaire du 29 juillet 1889 a du reste sacrifié les pharmaciens de 2e classe ; elle ne stipule, en effet, aucune dispense de service en faveur de l'étudiant de cette classe ; elle ne lui réserve même pas, en cas d'appel, le grade de pharmacien

auxiliaire; elle en fait une sorte d'infirmier ayant rang de
sous-officier, par conséquent elle déconsidère leur titre.

Les considérations précédentes nous semblent démontrer
qu'il faut admettre comme base de notre législation pharmaceutique, le principe général de l'ordre unique de pharmaciens, principe qui, comme le disait M. de Salvandy à la
Chambre des pairs, en 1847, donne à cette profession une
heureuse unité, qui permet d'exiger de tous ses membres la
mesure d'instruction nécessaire pour la mission qu'ils doivent remplir; qui respecte le plus profond et le plus intime
des sentiments de notre temps et de notre pays, car il fonde
notre organisation pharmaceutique tout entière sur la déclaration que quels que soient les rangs et les fortunes, tous les
intérêts de la santé humaine sont égaux devant la loi.

L'article 2 du projet de loi du Sénat porte dans son paragraphe 2 ce qui suit: « Il n'est rien innové en ce qui touche
le diplôme supérieur de pharmacien de 1re classe, créé par
le décret du 12 juillet 1878. »

Ce paragraphe comble très heureusement une lacune du projet
de loi adopté par la Chambre des députés. Il maintient, en effet,
le diplôme supérieur de pharmacien, qui n'est point, comme on
pourrait le croire, un titre professionnel, mais un titre exclusivement scientifique exigé, non pour exercer la profession, mais pour
arriver au professorat dans les établissements supérieurs de pharmacie de l'État. Ce diplôme est analogue au diplôme de doctorat
ès sciences médicales que M. Rey avait demandé dans un amendement qu'il avait présenté à la Chambre des députés, lors de la
discussion du projet de loi sur la médecine.

Avant de terminer les commentaires que nous avions à
présenter sur l'article 2, nous croyons devoir attirer l'attention du législateur sur un point important. Actuellement il
existe deux sortes de pharmaciens :

1° Les pharmaciens de 1re classe, qui peuvent s'établir sur
tout le territoire de la République française ;

2° Les pharmaciens de 2e classe, qui ne peuvent exercer
leur profession que dans le département pour lequel ils ont
été reçus.

La nouvelle loi sur l'exercice de la pharmacie, adoptée par le Sénat, contient à cet égard des dispositions intéressantes :

Par l'article 2, elle supprime implicitement les pharmaciens de 2e classe. En effet, cet article est ainsi conçu :

« Désormais, il ne sera plus délivré qu'un seul diplôme de pharmacien, correspondant au diplôme de 1re classe existant lors de la promulgation de la présente loi.

« Il n'est rien innové en ce qui touche le diplôme supérieur de pharmacien de 1re classe créé par le décret du 12 juillet 1878. »

D'un autre côté, les dispositions transitoires de la loi maintiennent les pharmaciens de 2e classe, supprimés implicitement par l'article 2. En effet, ces dispositions sont ainsi concues : « Pendant un délai de dix ans, à partir de la promulgation de la présente loi, les étudiants pourront être admis à s'inscrire en vue du titre de pharmacien de 2e classe, conformément aux règlements en vigueur. Un règlement d'administration publique fixera l'époque à laquelle le diplôme de pharmacien de 2e classe cessera d'être délivré. » De plus, ces mêmes dispositions transitoires ajoutent : « Les pharmaciens pourvus du diplôme de 2e classe pourront exercer sur tout le territoire de la République.»

Grâce à ces dispositions transitoires, le diplôme de pharmacien de 2e classe sera encore délivré pendant une période de dix-sept à vingt ans à partir de la promulgation de la loi.

C'est là un fait regrettable contre lequel on ne peut trop hautement protester, malgré les raisons qui ont été données pour justifier cette mesure.

En effet, comme le disait très éloquemment M. le professeur Planchon : « Tous les amis de la science et des hautes études, tous ceux qui ont à cœur les véritables intérêts de la profession, le souci de la santé publique et la ruine d'une concurrence aussi dangereuse que déloyale, souhaitent que par l'unité du diplôme légalement et définitivement décrétée soit enfin affranchie une carrière honorable entre toutes, que déconsidèrent les parasites et les non-valeurs. »

Tout en approuvant l'autorisation accordée aux pharmaciens de 2e classe de pouvoir s'établir sur tout le territoire de la République française, on peut se demander s'il ne serait pas équitable d'accorder aussi quelques faveurs aux pharmaciens de 1re classe?

Le public, qui fait une très grande différence entre le titre de docteur en médecine et celui d'officier de santé, n'en fait qu'une médiocre entre celui de pharmacien de 1re classe et de 2e classe; il en fera encore moins quand tous les pharmaciens soit de 1re ou de 2e classe pourront exercer sur tout le territoire.

Sans vouloir blesser aucune susceptibilité, il nous paraît nécessaire de rendre à chacun la justice qu'il mérite; aussi, pour marquer les différences de titres, nous proposerions de désigner à l'avenir les pharmaciens des divers ordres de la manière suivante :

Pharmacien de 2e classe (ancien nom)....................	*Pharmacien* (nom nouveau).
Pharmacien de 1re classe (ancien nom)..................	*Docteur en pharmacie* (nom nouveau).
Pharmacien de 1re classe (diplôme supérieur)..........	*Docteur ès sciences pharmaceutiques.*

De plus, afin d'arriver le plus rapidement à l'unification du titre sur tout le territoire, on pourrait, comme on l'a fait pour la conversion de l'officiat de santé en doctorat en médecine, donner aux pharmaciens les plus larges facilités pour devenir docteurs en pharmacie. Nous osons espérer que Monsieur le directeur de l'enseignement supérieur voudra bien faire pour la pharmacie ce qu'il disait pour la médecine au Sénat, dans la séance du 22 novembre 1892 : « Il y a une assurance que je puis vous donner dès maintenant : c'est que le règlement n'exigera pas des officiers de santé qui voudront devenir docteurs, le diplôme de bachelier. C'est l'esprit même de la loi que vous votez. Votre intention est de donner aux officiers de santé les plus grandes facilités pour devenir docteurs. Je suis convaincu que le Conseil supérieur entrera comme le gouvernement dans les vues du parlement. »

Sous le bénéfice de ces observations, nous proposerions de libeller l'article 2 de la façon suivante :

Désormais, il ne sera plus délivré qu'un seul diplôme de pharmacien correspondant au diplôme de 1re classe, existant lors de la promulgation de la présente loi. Toutefois, le diplôme de 2e classe, supprimé par la présente loi, sera néanmoins encore délivré aux élèves qui auront pris une ou plusieurs inscriptions de stage ou de scolarité avant la promulgation de la présente loi, mais pendant un délai qui ne pourra pas dépasser dix années à partir de cette promulgation.

Il n'est rien innové en ce qui touche le diplôme supérieur de pharmacien de 1re classe, créé par le décret du 12 juillet 1878.

Les pharmaciens, pourvus du diplôme de seconde classe, pourront exercer sur tout le territoire de la République.

A partir de la promulgation de la nouvelle loi, les pharmaciens pourvus du diplôme de 2e classe porteront le titre de pharmacien ; ceux pourvus du diplôme de 1re classe, le titre de docteur en pharmacie ; ceux pourvus du diplôme supérieur, le titre de docteur ès sciences pharmaceutiques.

Un règlement délibéré en conseil de l'instruction publique déterminera les conditions dans lesquelles un pharmacien pourra obtenir le grade de docteur en pharmacie.

ART. 3. — CHAMBRE DES DÉPUTÉS.	ART. 3. — SÉNAT.
Les pharmaciens reçus à l'étranger, quelle que soit leur nationalité, ne peuvent exercer la pharmacie en France qu'à la condition d'avoir obtenu le diplôme de pharmacien dans les conditions prévues à l'article premier.	Les pharmaciens reçus à l'étranger, quelle que soit leur nationalité, ne peuvent exercer la pharmacie en France qu'à la condition d'avoir obtenu le diplôme de pharmacien dans les conditions prévues à l'article premier.
Des dispenses pourront être accordées par le ministre, conformément à un règlement délibéré en conseil supérieur de l'instruction publique. *En aucun cas, elles ne porteront sur la totalité des épreuves.*	Des dispenses pourront être accordées par le ministre, conformément à un règlement délibéré en conseil supérieur de l'instruction publique, *mais elles ne pourront porter sur les examens définitifs.*

Cet article est analogue à l'article 5 de la loi sur la médecine. Il a pour but de remédier aux abus nés de l'article 4 de la loi du 19 ventose an XI (10 mars 1803) sur la médecine, article qui, en raison du silence de la loi du 21 germinal an XI, à cet égard, était également appliqué à la pharmacie : « Le gouvernement pourra, s'il le juge convenable, accorder à un médecin ou à un chirurgien étranger, et gradué dans des universités étrangères, le droit d'exercer la médecine ou la chirurgie sur le territoire de la République. »

Ce pouvoir arbitrairement donné au gouvernement d'accorder l'exercice en France à tout pharmacien gradué à l'étranger, sans aucune intervention des autorités compétentes, écoles, facultés ou Conseil supérieur de l'instruction publique, était depuis longtemps très vivement et très justement critiqué. Cette faculté, laissée au gouvernement dans la pensée qu'il en userait en faveur d'hommes ayant rendu des services à la science, ne profita le plus souvent qu'à des médecins ou pharmaciens d'ordre inférieur. Dès 1827, le Conseil royal de l'instruction publique avait songé au moyen de prévenir de tels abus et par un règlement du 8 septembre 1827, il décidait qu'à l'avenir les médecins étrangers, qui voudraient s'établir en France, seraient tenus de subir les mêmes examens que les élèves des facultés françaises.

En 1878, la Chambre des députés avait été saisie d'une proposition sur la matière, par M. Roger Marvaise, et à ce propos, M. Spuller faisait observer, que presque partout, en Russie, en Angleterre, en Autriche, en Hongrie, en Allemagne, en Espagne, en Italie, en Suisse, en Hollande, aux États-Unis, on exige des médecins étrangers qui se présentent pour exercer leur art, non pas des certificats de scolarité, mais un ou plusieurs examens probatoires devant les facultés nationales ou devant des jurys spéciaux institués par la loi.

Les considérations, présentées à la Chambre des députés et au Sénat sur cet article, à propos de la loi sur la médecine, sont péremptoires et doivent être appliquées à la loi sur la pharmacie ; aussi nous approuvons sans réserve l'article 3 du projet du Sénat.

ART. 4. — CHAMBRE DES DÉPUTÉS.	ART. 4. — SÉNAT.
Les étudiants étrangers, qui postulent le diplôme de pharmacien visé à l'article 1er de la présente loi, sont soumis aux mêmes règles de stage, de scolarité et d'examens que les étudiants français. Les diplômes	Les étudiants étrangers qui postulent le diplôme de pharmacien visé à l'article 1er de la présente loi, sont soumis aux mêmes règles de stage, de scolarité et d'examens que les étudiants français. Toutefois, il

et certificats d'études secondaires qu'ils ont obtenus à l'étranger peuvent être déclarés par les autorités compétentes équivalents aux diplômes exigés par les règlements pour l'inscription de stage en pharmacie et pour l'inscription dans un établissement d'enseignement supérieur pharmaceutique.

pourra leur être accordé, en vue de l'inscription réglementaire, soit la dispense des grades français requis pour l'inscription, soit l'équivalence des grades obtenus par eux à l'étranger, ainsi que des dispenses de scolarité correspondant à la durée des études faites par eux à l'étranger.

Cet article, que nous approuvons sans réserve, soulève cependant deux questions intéressantes qu'il serait peut-être utile de résoudre, en insérant à cet égard quelque chose dans la loi :

1° Les Français, qui auraient fait leurs études à l'étranger, pourront-ils bénéficier des avantages accordés aux étudiants étrangers? C'est probable et même certain, mais il faudrait le dire.

2° Les étudiants étrangers, qui auront obtenu les équivalences de leurs grades, seront-ils tenus d'acquitter tous les droits d'inscriptions, d'examens et de diplômes qu'auraient payés les nationaux? Cela est probable, car on leur appliquera certainement les articles 5 et 6 du décret du 22 août 1854 sur le régime des établissements d'enseignement supérieur; mais il serait utile de le mentionner.

ART. 5. — CHAMBRE DES DÉPUTÉS.

Tout pharmacien, avant de prendre possession d'une officine déjà établie ou d'en établir une nouvelle, devra en faire la déclaration et produire son diplôme au préfet du département ou au sous-préfet de l'arrondissement.

ART. 5. — SÉNAT.

Tout pharmacien, avant d'ouvrir une officine ou d'entrer en possession d'une officine déjà établie, est tenu d'en faire la déclaration et de produire son diplôme à la préfecture du département ou la sous-préfecture de l'arrondissement où il doit exercer.

Sera soumis à la même obligation tout pharmacien qui prendra la gestion d'une officine dans les cas prévus dans les articles 10 et 17.

Cet article remplace, en partie, l'article XVI de la loi du 21 germinal an XI, ainsi conçu : « Pour être reçu, l'aspirant, âgé au moins de vingt-cinq ans accomplis, devra réunir les deux tiers des suffrages des examinateurs. Il recevra des écoles ou des jurys un diplôme qu'il présentera à Paris, au préfet de police, et dans les autres villes, au préfet du département devant lequel il prêtera le serment d'exercer son art avec fidélité et probité. Le préfet lui délivrera, sur son diplôme, l'acte de prestation de serment. »

Comme on le voit, cet article diffère de l'article xvi par deux points principaux :

1° Il supprime implicitement la limite d'âge de vingt-cinq ans exigée pour être reçu pharmacien.

2° Il abolit implicitement l'obligation de la prestation de serment.

La limite d'âge, imposée au jeune pharmacien, était la cause de nombreuses difficultés et donnait lieu à des situations bizarres. Pour s'en convaincre, il suffit de lire la circulaire adressée aux Recteurs par M. le Ministre de l'instruction publique à la date du 25 novembre 1889 : « Aux termes de la circulaire du 15 octobre 1885, les étudiants, qui ont subi avec succès les examens de fin d'études, reçoivent un certificat constatant leur admission au grade correspondant. Il est arrivé que dans certains cas, on a attribué à ces attestations une valeur qu'elles n'avaient pas. C'est ainsi, que des certificats au grade de pharmacien de 1re ou de 2e classe ont été enregistrés par l'administration préfectorale, au lieu et place des diplômes, bien que les titulaires n'aient pas atteint l'âge de vingt-cinq ans exigé par la loi du 21 germinal an XI pour pouvoir exercer leur profession. L'enregistrement de ces certificats de réception, conférant le droit de s'établir dans le département, est contraire aux dispositions de la loi de l'an XI. Afin d'éviter le renouvellement de ces faits, j'ai décidé que les certificats de réception, délivrés provisoirement aux pharmaciens âgés de moins de vingt-cinq ans, porteraient la mention suivante : Le présent certificat ne peut, en aucun cas, tenir lieu de diplôme de pharmacien qui, conformément aux prescriptions de la loi du 21 germinal an XI, ne peut être délivré à l'impétrant avant l'âge de vingt-cinq ans. »

Il résulte de cette circulaire, absolument irréprochable au point de vue légal, qu'un jeune homme, muni de son diplôme, mais âgé de moins de vingt-cinq ans, n'est qu'un pharmacien *in partibus*, qui peut être poursuivi pour exercice illégal de la pharmacie, s'il a l'imprudence de s'établir avant d'avoir vingt-cinq ans révolus. Ce fait s'est présenté plusieurs fois et se représenterait encore si la loi nouvelle n'avait pas eu la sagesse d'abolir cette limite d'âge; nous ne pouvons donc qu'approuver cette mesure.

La prestation de serment est tombée en désuétude depuis longtemps et la plupart des pharmaciens et la majorité des préfets ignorent l'existence de cette formalité légale. Sans être un *laudator temporis acti*, on peut regretter que la loi nouvelle n'en impose pas encore l'obligation aux pharmaciens.

Autrefois, dans les facultés ou écoles, on entourait la réception des candidats d'une série de cérémonies ou pratiques qui avaient surtout deux buts : s'assurer de l'instruction et des garanties scientifiques du candidat; le convaincre de la dignité de sa profession, des devoirs qu'elle lui imposait et de tout le respect et de tout le dévouement qu'il lui fallait avoir pour la corporation dans laquelle il avait l'honneur d'entrer. On rit maintenant des us et coutumes de nos ancêtres, ridiculisés par Molière, mais, comme le disait très éloquemment M. le professeur Béhier dans un rapport adressé à M. le Ministre de l'instruction publique en 1838 (1) : « Toute cette pompe, tous ces serments n'étaient pas chose vaine. Faites avec recueillement et croyance, ces cérémonies frappaient vivement l'esprit et restaient comme de salutaires souvenirs capables souvent d'arrêter en présence d'une mauvaise pensée, à l'instant de commettre une action blâmable. »

L'article 5 du projet de loi sur la pharmacie correspond à l'article 9 de la loi sur la médecine du 30 novembre 1892. Comme lui, il a pour but de faire connaître au public, à l'autorité judiciaire et à l'autorité administrative les personnes qui ont le droit d'exercer la pharmacie et par conséquent de permettre de surveiller plus efficacement celles qui commettraient des actes d'exercice illégal de

---

(1) Rapport à M. le Ministre, secrétaire d'État au département de l'instruction publique, 15 janvier 1838. — de Beauchamp, *loco citato, Enquêtes et documents relatifs à l'enseignement supérieur*, t. XL, 1828-1842.

cette profession. Il doit aussi servir à établir les intéressantes statistiques que dresse le ministre à certains intervalles, ce qui permet notamment de connaître les besoins pharmaceutiques des campagnes.

En comparant la rédaction de ces deux articles, on voit que l'article 5 du projet de loi ne donne au pharmacien aucun délai pour faire sa déclaration; il l'oblige à se présenter au préfet ou au sous-préfet, il ne lui enjoint pas de faire enregistrer son titre au greffe du tribunal civil de son arrondissement. Ne serait-il pas préférable, au point de vue pratique, de donner un délai au pharmacien pour faire sa déclaration et de lui enjoindre de la faire non au préfet ou au sous-préfet, comme le dit l'article 5 du projet adopté par la Chambre des députés, mais à la préfecture ou sous-préfecture comme le demande le projet adopté par le Sénat? Ne serait-il pas aussi nécessaire de l'obliger à faire la même déclaration au greffe du tribunal civil de l'arrondissement, afin que l'autorité judiciaire, aussi intéressée dans la question que l'autorité administrative, soit prévenue de l'établissement du nouveau pharmacien?

Sous le bénéfice de ces observations, nous proposerions de libeller l'article 5 de la manière suivante :

> Tout pharmacien qui prend possession d'une officine déjà établie ou qui en établit une nouvelle, sera tenu, dans le mois qui suit son installation, d'en faire la déclaration et de faire enregistrer sans frais son diplôme à la préfecture ou sous-préfecture et au greffe du tribunal civil de l'arrondissement.

Nous signalerons, à propos de l'article 5, une lacune existant dans les projets adoptés par la Chambre des députés et par le Sénat. Elle est relative au dressage annuel de la liste des pharmaciens, recommandé par l'article 28 de la loi du 21 germinal an XI, ainsi conçu : « Les préfets feront imprimer et afficher chaque année la liste des pharmaciens établis dans les différentes localités de leurs départements. Ces listes contiendront les noms, prénoms des pharmaciens, les dates de leur réception et les lieux de leur résidence. » Ces listes ont un double but : 1° fournir aux tiers qui se croiraient dans le cas d'exercer quelque action en dommages-intérêts, à raison des imprudences ou méprises qui auraient pu être commises à leur égard, le moyen de connaître nominalement le pharmacien responsable attaché à la pharmacie ; 2° faciliter aux commissions d'inspection les visites prescrites par la loi.

L'article 40 de la loi sur la médecine contient à ce sujet des dispositions qui pourraient être adoptées, sous certaines réserves, et nous proposerions à cet égard un article ainsi conçu :

Il est établi, chaque année, dans les départements, par les soins des préfets et de l'autorité judiciaire, des listes portant les noms et prénoms, la résidence, le titre et la date du diplôme des pharmaciens installés dans le département.

Ces listes sont affichées chaque année, dans le mois de janvier, dans toutes les communes du département. Des copies certifiées en sont transmises aux Ministres de l'intérieur, de l'instruction publique et de la justice.

ART. 6. — CHAMBRE DES DÉPUTÉS.	ART. 6. — SÉNAT.
Les internes en pharmacie des hôpitaux et hospices français, nommés au concours, et les étudiants en pharmacie dont la scolarité est terminée, peuvent être autorisés à exercer la pharmacie, sans avoir subi tous les examens, pendant une épidémie ou à titre de remplaçant d'un pharmacien. Cette autorisation, délivrée par le préfet du département, est limitée à trois mois. Elle est renouvelable.	Article absolument semblable à celui de la Chambre des députés.

Cet article, en tous points semblable à l'article 6 de la loi sur la médecine, constitue une dérogation temporaire à la règle de l'article 1er de la loi, ainsi conçu : nul ne peut exercer la pharmacie en France s'il n'est muni d'un diplôme de pharmacien.

La loi du 21 germinal an XI ne contenait aucune disposition semblable et il est permis, tout en comprenant le motif qui a déterminé cette innovation, de se demander si elle ne sera pas la cause de nombreux abus. Que l'on autorise un étudiant à exercer la pharmacie dans des cas exceptionnels et en quelque sorte de force majeure, en temps d'épidémie par exemple, c'est parfait; mais qu'on lui reconnaisse le droit d'exercer, d'une façon générale et sans contrôle, parce qu'un pharmacien aura jugé à propos de se faire remplacer, n'est-ce pas excessif? Le préfet, à qui on attribue le pouvoir de désigner le candidat, aura-t-il, malgré la restriction du choix à faire, une compétence suffisante pour cette désignation?

Nous proposerions, en conséquence, d'apporter une modification à l'article 6 et de le rédiger de la façon suivante :

Les internes en pharmacie des hôpitaux et hospices français, nommés au concours, et les étudiants en pharmacie dont la scolarité est terminée, peuvent être autorisés à exercer la pharmacie sans avoir subi tous les examens, pendant une épidémie ou à titre de remplaçant d'un pharmacien, en cas de maladie ou d'empêchement grave de ce dernier.

Cette autorisation, délivrée par le préfet du département, après avis de la faculté ou école siégeant dans le ressort de l'académie, est limitée à trois mois. Elle est renouvelable.

ART. 7. — CHAMBRE DES DÉPUTÉS.	ART. 7. — SÉNAT.
Aucun pharmacien ne peut tenir plus d'une officine ; il ne peut faire dans son officine aucun autre commerce que celui des drogues et des médicaments et en général de tous objets se rattachant à l'art de guérir. Il doit avoir son nom inscrit sur ses étiquettes et sur ses factures. Il doit en outre indiquer, par une étiquette spéciale, les médicaments destinés à l'usage externe. Le pharmacien est tenu d'avoir sa résidence habituelle dans la localité où il exerce sa profession.	Tout pharmacien doit être propriétaire de l'officine qu'il exploite, sauf les exceptions prévues par la présente loi. Est assimilé au propriétaire de l'officine : le père, gérant la pharmacie de ses enfants mineurs ou majeurs ; le conjoint d'une veuve remariée co-tuteur des enfants issus du premier mariage ; le mari, sous quelque régime que le mariage ait été contracté. Dans ces divers cas, le pharmacien gérant est soumis aux obligations du propriétaire. Aucun pharmacien ne peut tenir plus d'une officine, ni faire, dans son officine, un commerce autre que celui des drogues, des médicaments et des objets se rattachant à l'art de guérir. Le nom du pharmacien doit être inscrit sur son officine, sur ses étiquettes et sur ses factures. Le pharmacien doit indiquer, par une étiquette spéciale, les médicaments destinés à l'usage externe. Il est tenu d'avoir sa résidence habituelle dans la localité où il exerce sa profession.

Cet article énumère et précise une partie des devoirs légaux imposés aux pharmaciens par les articles 32, 34, 35 et 36 de la loi du 21 germinal an XI, par quelques décrets, circulaires ou décisions ministérielles et nous ne pouvons qu'approuver les dispositions qu'il renferme.

En déclarant que tout pharmacien doit être propriétaire de l'officine qu'il exploite. la loi fait disparaître les incertitudes relatives à la question de savoir si un individu non pharmacien peut être propriétaire d'une pharmacie à la tête de laquelle il placerait un pharmacien légalement reçu, et sanctionne d'une manière solennelle les nombreux arrêts qui décident qu'une pharmacie ne peut être gérée que par son propriétaire et que le diplôme et la propriété de l'officine doivent reposer sur la même tête.

Le second paragraphe de l'article 7, qui assimile au propriétaire de l'officir▪ une certaine catégorie de personnes, manque de clarté. Il conviendrait, afin d'éviter toute équivoque, de le rédiger de la façon suivante :

Est assimilé au propriétaire de l'officine, *mais à la condition d'être pourvu du diplôme de pharmacien :* le père, gérant la pharmacie de ses enfants mineurs ou majeurs ; le conjoint d'une veuve remariée, co-tuteur des enfants issus du premier mariage ; le mari, sous quelque régime que le mariage ait été contracté. Dans ces divers cas, le pharmacien-gérant est soumis aux obligations du propriétaire.

En déclarant qu'aucun pharmacien ne peut tenir plus d'une officine, l'article 7 résout la question très controversée de savoir si un pharmacien a le droit d'avoir plusieurs officines, question sur laquelle la loi du 21 germinal an XI ne s'était pas expliquée d'une manière formelle et qui donnait lieu à de nombreux abus. C'est avec raison que la nouvelle loi défend à un pharmacien d'avoir plusieurs officines. En effet, comment concilier la responsabilité effective d'un pharmacien avec la multiplicité de ses officines? Comment un pharmacien, résidant dans une pharmacie, pourrait-il en surveiller une seconde souvent très éloignée de la première? Comment pourrait-il répondre des préparations qui s'exécuteraient simultanément dans chacune? Il est évident que si un

pharmacien pouvait posséder à la fois plusieurs officines, il
lui serait impossible d'exercer sur chacune d'elles la surveillance nécessaire, et par le fait de ce cumul, il serait forcé
de confier la direction de ses nombreux établissements à
des individus qui n'auraient pas qualité suffisante.

L'article 7 défend au pharmacien de faire dans son officine aucun autre commerce que celui des drogues et des
médicaments et en général de tous les objets se rattachant à
l'art de guérir. Cette prohibition, déjà formulée dans la déclaration du roi du 25 avril 1777, avait été reproduite *in fine*
dans l'article 32 de la loi du 21 germinal an XI, et c'est avec
raison qu'elle a été maintenue et reproduite par l'article 7.

L'article 7 impose au pharmacien l'obligation d'avoir
son nom inscrit sur ses étiquettes et sur ses factures et d'avoir
sa résidence habituelle dans la localité où il exerce sa profession. C'est là une sage disposition qui permettra de re-
chercher et d'atteindre plus facilement le prête-nom.

On sait que, dans le langage de la pharmacie, on appelle
prête-nom celui qui, pourvu d'un diplôme, consent à diriger une officine pour un salaire quelconque. Les prête-noms
sont, en général, des jeunes gens nouvellement reçus pharmaciens, mais n'ayant par eux-mêmes ni les moyens pécuniaires, ni le crédit suffisant pour établir une pharmacie pour
leur compte particulier. Ce sont encore des pharmaciens,
autrefois établis, ayant abandonné leur profession, et parmi
lesquels il peut s'en trouver qui n'offrent point cette garantie de principes et de délicatesse, sans laquelle il ne peut y
avoir de rigoureuse exactitude dans la préparation des médicaments et dans les nombreux détails de la bonne tenue
d'une officine.

Les individus qui ont recours à des prête-noms pour faire
gérer la pharmacie qui leur appartient, sont des hommes
entièrement étrangers à la pharmacie ou exerçant une profession, une industrie qui a quelques points de contact avec
la science du pharmacien, tels que droguistes, épiciers,
herboristes, médecins, étudiants en pharmacie non encore

reçus; mais, dans la plupart des cas, ce sont des hommes intéressés, cupides, qui, dans un but de lucre, ont recours à d'autres titres et à d'autres droits que ceux qui découlent de leur instruction, de leur expérience et de leur position sociale.

Les arrangements que les pharmaciens prête-noms contractent avec les propriétaires des officines sont toujours plus ou moins fictifs et reposent sur deux espèces d'écrits: l'un, secret, qui contient les véritables conditions du contrat; l'autre, ostensible, qui a pour but d'éluder les lois et la surveillance de l'autorité et que le pharmacien prête-nom et le propriétaire de l'officine produisent suivant les circonstances. Le plus souvent, les pharmaciens prête-noms s'engagent, moyennant un salaire quelquefois dérisoire, soit à rester à la tête de la pharmacie, mais sous les ordres et la dépendance du propriétaire, soit à être plus ou moins étrangers à la pharmacie en n'y résidant pas.

Les abus, qui résultent d'officines appartenant à des individus non pharmaciens et dirigées par des pharmaciens prête-noms, sont nombreux : Le pharmacien prête-nom, réduit au simple rôle d'employé, n'a qu'une autorité nominale et qu'une liberté d'action illusoire. Placé sous la dépendance du propriétaire, qui n'a établi l'officine que dans des vues d'intérêt pécuniaire, il n'est plus maître d'apporter dans le choix et la préparation des médicaments les soins que sa conscience lui commande. De plus, si comme cela arrive souvent, il ne réside pas dans la localité où est située l'officine, cet établissement se trouve géré par un homme étranger à la profession ou par des élèves seulement.

La loi du 21 germinal an XI ne contenait aucune disposition prohibant implicitement ou explicitement la gestion d'une pharmacie par un pharmacien prête-nom ; aussi, comme nous l'avons déjà dit, la jurisprudence des tribunaux a souvent varié lorsqu'il s'est agi de décider si un individu non pharmacien pouvait être propriétaire d'une pharmacie dans laquelle il placerait un pharmacien légalement reçu. Pendant longtemps, elle a penché pour l'affirmative, mais aujourd'hui elle a décidé, par de nombreux arrêts, qu'une pharmacie ne peut être gérée que par son propriétaire et que le diplôme et la propriété de l'officine doivent reposer sur la même tête.

L'article 7 semble bien défendre les prête-noms, mais il ne le dit pas d'une manière formelle; c'est là une lacune, que nous signalons en passant et qu'il sera utile de combler.

Une des causes les plus fréquentes des empoisonnements par imprudence est la confusion que les personnes qui soignent les malades sont exposées à faire entre les médicaments destinés à être pris à l'intérieur et ceux destinés à l'usage externe. Dans le but de prévenir de funestes erreurs, une circulaire ministérielle du 25 juin 1855 a imposé aux pharmaciens l'obligation de placer sur les fioles ou paquets contenant des médicaments pour l'usage externe, une étiquette rouge orangé, dont la grandeur peut varier avec celle des récipients qui renferment le médicament, portant les mots : « Médicament pour l'usage externe. » L'article 7 maintient avec raison cette obligation.

Nous avons dit que l'article 7 énumérait et précisait une partie seulement des devoirs légaux imposés aux pharmaciens dans l'exercice de leur profession. Il est vrai que l'on retrouve l'indication de quelques-uns de ces devoirs dans les articles 2, 5, 14, 15, 17, 18 du projet du Sénat; mais, malgré ces indications, il existe encore dans le projet de loi un certain nombre de lacunes que nous croyons devoir signaler en passant. Il n'est dit, dans aucun article: 1° que les pharmaciens ne peuvent avoir de dépôts de médicaments hors de leur officine et en confier la vente à des étrangers ; 2° qu'ils doivent établir leurs pharmacies dans un local convenable, les munir des appareils et ustensiles nécessaires pour la bonne préparation des médicaments et les pourvoir des médicaments et drogues inscrits au Codex; 3° qu'ils doivent vérifier la qualité et la pureté des médicaments contenus dans leurs pharmacies, magasins et laboratoires et posséder à cet effet les réactifs et appareils nécessaires pour cette vérification ; 4° qu'ils sont passibles des peines portées articles 317 du Code pénal (avortement), 378 du Code pénal (secret professionnel), 1382, 1383, 1384 du Code civil, 319 et 320 du Code pénal (en cas d'accidents qui peuvent résulter dans leurs officines, de la négligence, de l'inattention, de l'inobservation des règlements, commis par eux ou par leurs élèves), des articles 150 et suivants du Code pénal (en cas de faux certificat de stage). Ce sont là une série d'obligations importantes qui devraient figurer dans le projet, dans l'intérêt du pharmacien et surtout dans l'intérêt de la santé publique.

L'article 8 du projet adopté par le Sénat est ainsi conçu :

Toute association ayant pour objet l'exploitation d'une officine est interdite si elle n'est faite sous la forme, soit d'une société en nom collectif entre pharmaciens diplômés, soit d'une société en commandite simple dont les commandités sont pourvus d'un diplôme de pharmacien. En tout cas, l'officine ne peut être gérée que par les associés.

Tout établissement se livrant à la fabrication et à la vente en gros des compositions et préparations pharmaceutiques devra être exploité soit par un pharmacien, soit par une société en nom collectif dont l'un des membres au moins sera diplômé, soit par une société en commandite simple dont l'un des commandités sera diplômé, soit enfin par une société en commandite par actions dont l'un des gérants sera diplômé. La fabrication et la vente en gros des substances simples destinées à la pharmacie sont libres ; les personnes qui s'y livrent ne sont pas soumises aux conditions ci-dessus énoncées, sauf le cas où elles livreraient sous cachets aux pharmaciens des substances préparées et divisées pour la vente au détail.

Toutes les substances médicamenteuses, visées dans les deux paragraphes précédents et délivrées sous cachets aux pharmaciens, préparées et divisées pour la vente au détail, porteront le nom, le domicile et la signature du fabricant.

Cet article, dont la rédaction est équivoque et dont beaucoup de dispositions sont dangereuses, devra, à notre avis, être purement et simplement supprimé.

En effet, par son paragraphe 1, il permet l'exploitation d'une officine sous forme de société en commandite simple dont les commandités seront pourvus du diplôme de pharmacien. Cette disposition donne une consécration officielle et légale aux prête-noms que dans tous les temps et dans tous les pays on a cherché à combattre. L'exploitation des officines, dans ces conditions, présente, en effet, des dangers graves qui ont été mis en évidence d'une manière très précise par M. Félix Martin (1) et M. Rièthe (2). Nous n'insisterons pas sur ce point.

Les paragraphes 3 et 4 de cet article peuvent être considérés comme de véritables logogriphes et nous renonçons à présenter sur eux le moindre commentaire.

L'article 8 du projet adopté par la Chambre des députés et l'article 8 proposé en première lecture par la Commission sénatoriale, nous paraissent plus clairs et plus précis ; cependant, ils devraient subir un certain nombre de modifications sur lesquelles nous aurons occasion d'insister en commentant ces deux articles.

ART. 8. — CHAMBRE DES DÉPUTÉS.

Aucune officine ne peut être exploitée en association que sous la forme de société en nom collectif entre pharmaciens diplômés. L'officine doit toujours être tenue personnellement par l'un des membres de l'association.

Tout établissement exclusivement consacré à la fabrication et à la vente en gros des produits pharmaceutiques pourra être exploité, soit par une société en commandite simple ou par actions dans laquelle le ou les gérants seront nécessairement pourvus du diplôme de pharmacien, soit par une société en nom collectif dans laquelle le ou les associés pharmaciens seront seuls chargés de surveiller la fabrication et responsables.

ART. 8. — DE LA COMMISSION DU SÉNAT.

Aucune officine ne peut être exploitée en association que sous la forme de société en nom collectif entre pharmaciens diplômés. L'officine doit toujours être tenue personnellement par l'un des membres de l'association.

Tout établissement consacré à la fabrication et à la vente en gros des compositions et préparations pharmaceutiques pourra être exploité soit par une société en commandite simple ou par actions, dans laquelle le ou les gérants seront nécessairement pourvus du diplôme de pharmacien, soit par une société en nom collectif dans laquelle le ou les associés pharmaciens seront seuls chargés de surveiller la fabrication et responsables.

La fabrication et la vente en gros des substances simples destinées à la pharmacie sont libres et les personnes qui s'y livrent ne sont soumises à aucune des conditions précédentes.

Le paragraphe 1 du projet de la Commission sénatoriale est identique au paragraphe 1 de la Chambre des députés. Ils ont

(1) Voir séance du 18 décembre 1894, du Sénat, *Journal officiel*, page 1018.
(2) Voir *Bull. de la Chambre syndicale des pharm. de Paris*, 30 juin 1895.

pour but tous les deux : 1° de défendre à des pharmaciens de former, pour l'exploitation d'une officine, aucune espèce de société avec des personnes non munies du diplôme de pharmacien ; 2° de permettre à des pharmaciens de s'associer entre eux, sous forme de société en nom collectif, pour l'exploitation d'une officine.

Ce paragraphe comble en partie la lacune que nous avions signalée à l'article 7 à propos des prête-noms, puisqu'il défend aux pharmaciens de former pour l'exploitation d'une officine, aucune espèce de société avec des personnes non munies du diplôme de pharmacien. Il permet, en outre, comme nous l'avons dit, à des pharmaciens de s'associer entre eux, sous forme de société en nom collectif, pour l'exploitation d'une officine.

On peut se demander à ce propos si un pharmacien peut s'associer avec un autre pharmacien sous forme de société en commandite pour l'exploitation d'une officine. Il semble que non, d'après l'article 8, mais la question étant sujette à discussion, devrait être nettement et formellement tranchée.

Il existe entre le paragraphe 2 du projet de la Chambre des députés et les paragraphes 2 et 3 du projet du Sénat des différences qui méritent d'être signalées et discutées.

Il semble résulter du projet de la Chambre des députés que l'exploitation d'un établissement exclusivement consacré à la fabrication et à la vente en gros des produits pharmaceutiques (*substances simples, compositions et préparations pharmaceutiques*) peut être faite, soit par une société en commandite simple ou par actions, dans laquelle le ou les gérants seront nécessairement pourvus du diplôme de pharmacien, soit par une société en nom collectif dans laquelle le ou les associés pharmaciens seront seuls chargés de surveiller la fabrication et responsables. En d'autres termes, d'après le projet, le commerce de la droguerie comprenant la fabrication et la vente en gros des produits pharmaceutiques (substances simples, compositions et préparations pharmaceutiques) ne peut être fait que par un pharmacien ou une société dirigée par un pharmacien.

Au contraire, le projet du Sénat semble faire une distinction : Par le paragraphe 2, il autorise l'exploitation de tout
établissement consacré à la fabrication et à la vente en gros
des compositions et préparations pharmaceutiques, soit par
une société en commandite simple ou par actions, dans
laquelle le ou les gérants seront nécessairement pourvus du
diplôme de pharmacien, soit par une société en nom collectif, dans laquelle le ou les associés pharmaciens seront
seuls chargés de surveiller la fabrication et responsables.
Par son paragraphe 3, il déclare que la fabrication et la
vente en gros des substances simples destinées à la pharmacie sont libres. En d'autres termes, d'après ce projet, le
commerce de la droguerie pourrait être fait par deux sortes
d'établissements :

1° Établissements consacrés à la fabrication et à la vente
en gros de compositions et préparations pharmaceutiques.
Ils ne pourraient être exploités que par un pharmacien ou
une société ayant à sa tête un pharmacien.

2° Établissements consacrés à la fabrication et à la vente
en gros de substances simples. Ils pourraient être exploités
par toute personne, sans condition de diplôme, puisque
cette fabrication et cette vente sont libres.

Avant de discuter les avantages ou les inconvénients de
cette division des droguistes en deux classes, nous croyons
devoir soumettre à l'attention du législateur la question
préjudicielle suivante : Un pharmacien peut-il à la fois diriger une officine et être gérant d'une société possédant un
établissement consacré à la fabrication et à la vente en gros
des produits pharmaceutiques ? En d'autres termes, un pharmacien peut-il exercer à la fois la profession de pharmacien
et celle de droguiste ?

Cet exercice simultané des deux professions, actuellement
permis, a donné et donnerait encore lieu à des abus inté-
ressants à signaler. En effet, d'après le projet de loi en discussion, un pharmacien ne peut pas s'associer avec une
personne étrangère à la pharmacie, s'il veut exploiter une

officine ; mais, il peut former avec des capitalistes, des sociétés en commandite ou par actions pour l'exploitation d'un établissement consacré à la fabrication et à la vente en gros des produits pharmaceutiques. Il en résulte que si ce pharmacien peut à la fois diriger une officine et être gérant de la société qui fabrique et vend en gros les produits pharmaceutiques, il se produira nécessairement des infractions à la loi. En effet, supposons, comme cela arrive chez presque tous les pharmaciens-droguistes, que la pharmacie et la droguerie soient placées dans le même local, mais dans deux pièces différentes. Comme directeur de la pharmacie, il ne peut s'associer avec personne, mais il peut vendre au détail tous les produits pharmaceutiques ; comme directeur de la droguerie, au contraire, il peut s'associer avec toutes personnes, mais il ne peut pas vendre en détail les produits pharmaceutiques. Il est facile de comprendre que dans cette situation, il a toute facilité pour former une association pour l'exploitation de la pharmacie, au mépris du paragraphe 2 de l'article 8, et de vendre au détail tous les produits pharmaceutiques, au mépris du paragraphe 2 du même article.

Comment prévenir à l'avenir de pareils abus ? A notre avis, il n'y aurait qu'un moyen, ce serait d'inscrire dans la loi l'article suivant :

L'exercice simultané de la profession de pharmacien avec celle de droguiste est interdit. Cette disposition n'est pas applicable à ceux qui exercent aujourd'hui simultanément les deux professions. En conséquence, à partir de la promulgation de la nouvelle loi, un pharmacien ayant une officine ouverte, ne pourra pas être nommé gérant d'une société commerciale quelconque propriétaire d'un établissement consacré à la fabrication et à la vente en gros des produits pharmaceutiques.

Revenons maintenant à la discussion de l'article 8 que nous avions momentanément abandonnée.

En rédigeant cet article, la commission du Sénat s'est certainement proposée de chercher à établir une délimitation précise entre la pharmacie et les professions collatérales dont l'empiètement progressif pèse chaque jour davantage sur les attributions et les droits des pharmaciens. Si elle n'y est pas parvenue d'une manière complète, c'est qu'il est très difficile, pour ne pas dire presque impossible, de l'établir. Il suffit pour s'en convaincre de lire toutes les propositions faites à ce sujet par les différents corps savants :

« Il est très difficile, disait dès 1833 la Faculté de médecine de Paris, dans un rapport signé Orfila, de déterminer dans l'état actuel des choses, les limites qui doivent séparer les professions de pharmacien, de droguiste et d'épicier, et cela tient surtout à la confusion qu'apporte nécessairement l'exercice simultané permis de ces différentes branches de commerce : ainsi, le droguiste vend des préparations pharmaceutiques et s'il est gêné par la police médicale, il se fait recevoir pharmacien ou s'associe à un pharmacien reçu, parce qu'il est permis à celui-ci de faire la droguerie. L'épicier prend une patente de droguiste ; mais, comme cette branche de son commerce n'est qu'accessoire, il la fait en délit et vend au poids médicinal, sans qu'on puisse le prendre en flagrant délit.

« Tous ces abus cessent à la fois et la délimitation devient facile si l'on défend sévèrement l'exercice simultané ; l'épicier ne pourra recéler chez lui aucune espèce de drogue ; le droguiste ne pouvant faire que le commerce des drogues le fera en gros ou y renoncera. Quant aux pharmaciens, la Faculté sait qu'ils prétendent avoir le droit de faire à volonté la droguerie, l'épicerie et même la confiserie ; mais elle pense que cette prétention est essentiellement nuisible à leurs propres intérêts et surtout à ceux de la société. En effet, si le pharmacien peut vendre des drogues simples en gros, il sera difficile que le droguiste puisse soutenir la concurrence sans empiéter de son côté sur le domaine des préparations. Il ne sera ni juste ni même possible de prévenir l'usurpation dans un sens si on la tolère dans l'autre, car la loi n'est en général bien exécutée que quand elle est juste et qu'elle peut se concilier avec l'intérêt légitime de ceux qu'elle régit. Le pharmacien qui vendra du sucre à la livre, ne sera jamais bien venu dans une attaque contre l'épicier qui vendra de l'émétique au grain.

« Les pharmaciens semblent mal entendre ce qu'ils appellent la supériorité de leur patente. Cette supériorité ne consiste pas à avoir le droit de faire un commerce inférieur qui n'exige ni talents, ni connaissances, ni responsabilité ; elle consiste dans le droit honorable de fournir seuls à la société des préparations actives de bonne qualité desquelles dépendent la santé et la vie des citoyens ; ils trouveront au reste des avantages bien plus considérables à ne plus partager la fourniture des médicaments composés, qu'ils n'en trouveraient à partager eux-mêmes la vente des drogues simples, des substances culinaires, tous genres de commerce évidemment au-dessous de la dignité qu'ils doivent se plaire à conserver, et du rang que leur instruction et la haute confiance que la société leur accorde leur assurent au milieu d'elle (1). »

Dans un projet de loi médicale, discuté en 1838 par le Conseil royal de l'instruction publique (2), on trouve ce qui suit : « La surveillance des conseils médicaux s'étend à la fois et aux personnes et aux choses ; elle embrasse le commerce entier de la pharmacie et les commerces divers qui s'y rattachent. Il est indispensable, pour assurer la bonne exécution de cette mesure, de déterminer en quoi consiste précisément le commerce de la pharmacie, quelles sont ses limites et de quelles substances il se compose essentiellement. La loi du 21 germinal an XI a bien posé quelques principes généraux relativement à ces questions, mais leur application est toujours demeurée incertaine et variable, faute de règlements suffisants pour la diriger. Aussi des plaintes graves se sont-elles plusieurs fois élevées contre les empiètements que les pharmaciens, les droguistes et les épiciers faisaient mutuellement sur leurs professions res-

(1) Voir de Beauchamp, *Loco citato*. — *Enquêtes et doc .nents relatifs à l'enseignement supérieur*, t. XL, 1828-1842, page 89.
(2) Voir de Beauchamp, *Loco citato*. — *Enquêtes et documents relatifs à l'enseignement supérieur*, t. XL, 1828-1812, p. 442 et 443.

pectives ; les pharmaciens en vendant des substances qui appartenaient exclusivement au commerce de l'épicerie et les droguistes et épiciers en vendant des substances réservées au commerce de la pharmacie. Nous nous sommes appliqués à éviter les inconvénients d'une pareille confusion. » A cet effet, le projet de loi renfermait les articles suivants :

Art. 31. — Tout pharmacien ayant une officine ouverte, ne pourra exercer aucune industrie patentable étrangère à la profession.

Art. 46. — Les pharmaciens seuls pourront vendre des médicaments simples et composés à tout poids et ne pourront les vendre que dans leurs officines.

Art. 47. — Les droguistes ne pourront vendre de médicaments et les drogues simples ne pourront être vendues par eux qu'au-dessus du poids médicinal.

Art. 48. — Les confiseurs et épiciers ne pourront vendre aucun médicament à quelque poids que ce soit ; des tableaux détaillés insérés au Codex officiel indiqueront nominativement les substances dont la vente peut être commune à la pharmacie et à d'autres professions.

A la suite d'un rapport concernant la réorganisation de la médecine et de la pharmacie, présenté au nom d'une commission composée de MM. Dubois père, Guéneau de Mussy, Renauldin, Marc, Ribes, Breschet, Boulay, Pelletier, Double, rapporteur, l'Académie de médecine, après discussion, adopta un projet de loi qui fut adressé au ministère de l'instruction publique le 17 juillet 1838 et dans lequel on lit les articles suivants (1) :

Art. 11. — La loi déclare incompatibles le commerce de la droguerie en gros et le commerce des composés pharmaceutiques au détail ; nul ne pourra donc tenir simultanément et magasin de drogueries pour négoce et officine légalement ouverte.

Art. 14. — Les droguistes, les épiciers, les herboristes, les parfumeurs et autres professions analogues, ne pourront, sous aucun prétexte, empiéter sur les attributions légales des pharmaciens. Des tableaux détaillés fixeront les substances soit simples, soit composées qui appartiennent exclusivement au commerce de la pharmacie et celles qui seront licites à d'autres commerces.

Art. 15. — La fabrication, la préparation en grand des substances médicamenteuses de tout genre ne pourront être faites que par les pharmaciens légalement reçus ; c'est seulement en leur nom que pourra être délivrée la patente de fabrication.

Comme on le voit, par ce court exposé historique, on a

(1) de Beauchamp, *Loco citato*, 1828-1842, p. 101, 213, 231.

depuis longtemps essayé de faire une distinction précise entre la pharmacie et certaines professions collatérales. Nous pensons que cette distinction doit être formellement inscrite dans la loi; en conséquence, nous proposerions de l'établir sur les bases suivantes :

1° Le dépôt, la vente ou la distribution *au détail*, pour l'usage de la médecine humaine ou vétérinaire, de toutes les substances simples ou préparations possédant ou auxquelles sont attribuées des propriétés médicinales ou curatives, ne peuvent être tenus ou faits que par les pharmaciens, sauf les exceptions prévues dans la loi (cet article est l'article 9 du projet de loi du Sénat).

2° La fabrication, le dépôt et la vente en gros de tous les produits pharmaceutiques (drogues simples, compositions et préparations pharmaceutiques) ne peuvent être opérés que dans les *drogueries médicinales*. Ces établissements ne peuvent être exploités et dirigés que par un pharmacien n'ayant pas d'officine ouverte ou par une société en commandite simple ou par actions dans laquelle le ou les gérants seront nécessairement pourvus du diplôme de pharmacien, ou par une société en nom collectif dans laquelle le ou les associés pharmaciens seront seuls chargés de surveiller la fabrication et responsables. Ces drogueries peuvent établir des succursales en France, mais à la condition de placer à leur tête des gérants pourvus du diplôme de pharmacien. Il est formellement interdit à ces drogueries médicinales ou à leurs succursales de débiter et de livrer directement aux consommateurs aucunes drogues ou préparations pharmaceutiques.

3° La fabrication, le dépôt ou la vente en gros des substances simples et des produits chimiques destinés à l'industrie peuvent être opérés soit dans les drogueries médicinales, soit dans des drogueries industrielles, soit dans des fabriques de produits chimiques. Les directeurs des drogueries industrielles ou des fabriques de produits chimiques n'ont pas besoin d'être pourvus du diplôme de pharmacien. Il est expressément défendu à ces drogueries ou fabriques de débiter et de livrer directement aux consommateurs aucun des produits qu'elles possèdent et auxquels sont attribuées des propriétés médicinales ou curatives.

4° Les épiciers, confiseurs et autres professions similaires ne peuvent vendre aucun médicament simple ou composé à quelque poids que ce soit. Toutefois, comme il existe un grand nombre de substances qui peuvent être considérées comme pharmaceutiques et culinaires ou de pur agrément, il sera dressé et inséré au Codex une liste de substances ou de préparations dont le commerce et la confection seront libres pour tout le monde.

5° L'exercice simultané des professions de pharmacien, de droguiste et d'épicier est formellement interdit. Cette disposition n'est pas applicable à ceux qui exercent aujourd'hui simultanément ces professions.

L'article 9 du projet du Sénat correspond à l'article 14 du projet adopté par la Chambre; ces deux articles sont ainsi conçus :

ART. 14. — CHAMBRE DES DÉPUTÉS.

Nul autre que les pharmaciens ne peut tenir un dépôt, vendre ou distribuer au détail, pour l'usage de la médecine humaine ou vétérinaire, aucune substance simple ou préparation à laquelle sont attribuées des propriétés médicinales ou curatives, sauf les exceptions inscrites aux articles 11 et 15.

ART. 9. — DU SÉNAT.

Nul autre que les pharmaciens ne peut tenir en dépôt, vendre ou distribuer au détail, pour l'usage de la médecine humaine ou vétérinaire, aucune substance simple ou préparation possédant ou à laquelle sont attribuées des propriétés médicinales ou curatives, sauf les exceptions inscrites aux articles 11 et 13.

Comme on le voit, ces deux articles sont presque identiques. La seule différence existant entre eux est celle-ci : L'article 12 du Sénat porte outre les mots : aucune substance simple ou préparation à laquelle sont attribuées des propriétés médicinales, le mot *possédant*. C'est une précision de plus qu'on ne peut qu'approuver.

ART 9. — CHAMBRE DES DÉPUTÉS.

Après le décès d'un pharmacien, sa veuve ou ses héritiers peuvent, pendant un temps qui ne doit pas excéder une année à partir du jour

ART. 10. — SÉNAT.

Article pareil à celui de la Chambre dans son premier paragraphe.

Ce délai sera porté à deux ans lorsque le pharmacien décédé lais-

du décès, maintenir son officine ouverte en la faisant gérer, soit par un pharmacien, soit par un élève agréé par la faculté ou l'école siégeant dans le ressort de l'académie où se trouve la pharmacie.

sera un fils étudiant en pharmacie et pourvu au moins de huit inscriptions de scolarité.

Cet article a pour but de faire disparaître une lacune de la loi du 21 germinal an XI, lacune en partie comblée par l'arrêté du 25 thermidor an XI.

Les anciens règlements sur la pharmacie autorisaient la veuve d'un pharmacien à continuer l'exploitation de l'officine pour son compte, au décès de son mari, à la charge de la faire gérer par un pharmacien diplômé. La loi du 21 germinal an XI n'avait point reproduit cette exception en faveur des veuves, en se fondant sur les motifs suivants : « Les anciennes lois permettaient aux veuves de continuer l'exploitation de la pharmacie. Le silence que le nouveau projet garde à cet égard, a paru frapper quelques esprits ; mais vous observerez que la pharmacie, étant moins un métier qu'une profession savante, doit être par conséquent interdite aux femmes. »

Néanmoins et malgré cette intention bien formulée, un arrêté du 25 thermidor an XI, rendu précisément pour la réglementation de la loi du 21 germinal an XI, déclare dans son article 41 ce qui suit : « Au décès d'un pharmacien, la veuve pourra continuer à tenir son officine ouverte, pendant un an, à la condition de présenter un élève âgé au moins de vingt-deux ans, à l'école, dans les villes où il en est établi, au jury de son département s'il est rassemblé, ou aux quatre pharmaciens agrégés au jury par le préfet, si c'est dans l'intervalle des sessions. L'école, le jury ou les quatre pharmaciens agrégés s'assureront de la capacité et de la moralité du sujet et désigneront un pharmacien pour diriger et surveiller toutes les opérations de l'officine. L'année révolue, il ne sera plus permis de tenir l'officine ouverte. »

Cette disposition d'un simple arrêté administratif, n'ayant point force de loi, contredisant même l'esprit formellement exprimé par la loi de germinal, était cependant respectée par l'administration et par les tribunaux. On admettait que par tolérance, la veuve d'un pharmacien pouvait exploiter pendant une année, mais pendant une année seulement, et dans les conditions fixées par l'article 41 de l'arrêté du 25 thermidor an XI, l'officine laissée par son mari et dont elle deviendrait propriétaire au décès de ce dernier, bien que la loi du 21 germinal an XI lui ait volontairement refusé tout droit à cet égard.

Depuis le décret du 22 août 1854, qui supprime les jurys médicaux chargés de faire passer les examens, l'autorité chargée d'agréer les personnes présentées pour la tenue de l'officine est la faculté ou école dans la circonscription desquelles se trouve la pharmacie. En conséquence, actuellement, lorsqu'une veuve veut, au décès de son mari, exploiter l'officine de ce dernier, elle doit : 1° s'adresser à l'école dans la circonscription de laquelle se trouve située la pharmacie ; 2° présenter un élève âgé de vingt-deux ans ; l'école s'assure de sa moralité et de sa capacité et désigne un pharmacien pour surveiller toutes les opérations de l'officine.

La tolérance, accordée aux veuves des pharmaciens, par l'arrêté du 29 thermidor an XI, est transformée en un droit par l'article 9 du projet du Sénat et celui de la Chambre.

Il est à remarquer que ce droit d'exploitation est conféré par le projet, non seulement à la veuve, mais encore aux héritiers du pharmacien décédé. De plus, l'élève, agréé par l'école ou par la faculté, dirigera seul et sans aucune surveillance, l'officine ; enfin, d'après le paragraphe 2 du projet du Sénat, le délai d'un an d'exploitation sera porté à deux ans lorsque le pharmacien décédé laissera un fils étudiant en pharmacie et pourvu au moins de huit inscriptions de scolarité.

ART. 10. — CHAMBRE DES DÉPUTÉS.	ART. 11. — SÉNAT.
Toute entente entre un pharmacien et un médecin, dans le but	Toute convention par laquelle un médecin retirerait dans l'exercice de

d'exploiter une officine ou de vendre un médicament quelconque, est formellement prohibée ; toute convention par laquelle un médecin retirerait quelque gain ou un profit sur la vente des médicaments effectuée par le pharmacien est nulle. — sa profession, un profit sur la vente des médicaments, effectuée par un pharmacien, est prohibée et nulle.

Cet article a pour but de combattre ces sortes de connivences décorées du nom d'associations qui s'établissent quelquefois entre les pharmaciens et les médecins pour se favoriser dans leurs spéculations respectives afin d'en partager les revenus. On sait en quoi consistent ces associations : un médecin s'engage à envoyer tous ses clients chez un même pharmacien et surcharge en conséquence ses ordonnances de prescriptions lucratives, ou fait souvent faire à ses malades une grande consommation de certaines préparations de ce pharmacien. D'autres fois, un pharmacien prend en quelque sorte à gages ou intéresse dans ses opérations quelque médecin qui s'établit dans un cabinet de consultation voisin de la pharmacie et ordonne gratuitement des remèdes que le client paie fort cher dans l'officine recommandée. Cette dichotomie, ce trafic de droits de partages et de remises, stipulés au détriment du malade, est une plaie honteuse qui tend à avilir deux professions honorables et c'est avec raison que les projets de loi le défendent.

L'article 10 du projet, adopté par la Chambre des députés, défend toute entente entre un pharmacien et un médecin, dans le but d'exploiter une officine ou de vendre un médicament. Cette prohibition n'est pas reproduite formellement dans l'article 11 du Sénat; c'est une omission qu'il serait nécessaire de réparer.

Nous arrivons maintenant à l'article 12 adopté par le Sénat. Cet article, soulevant des questions que l'on pourrait appeler vitales, mérite d'être examiné avec soin. A cet effet, il convient de rappeler le texte des propositions adoptées par la Chambre des députés, celles primitivement proposées par la commission sénatoriale et celles adoptées définivement par le Sénat :

ART. 11. — CHAMBRE DES DÉPUTÉS.	ART. 11. — COMMISSION SÉNATORIALE.
Les médecins, établis dans les communes où il n'y a pas de phar-	L'exercice simultané de la profession de médecin, de chirurgien-

maciens, peuvent fournir sur place des médicaments aux malades près desquels ils sont appelés et dont le chef-lieu de la commune est éloigné de 4 kilomètres de toute pharmacie, mais sans avoir d'officine ouverte. Dans ce cas, ils sont soumis à toutes les obligations résultant pour les pharmaciens des lois et règlements en vigueur, à l'exception de la patente.

Pour satisfaire aux cas d'urgence, les médecins, même alors qu'une ou plusieurs pharmacies existent dans la localité qu'ils habitent, sont autorisés à avoir chez eux certains remèdes dont la liste sera dressée par un règlement d'administration publique, qu'ils pourront distribuer à leurs malades dans les circonstances prévues par le même règlement.

Les vétérinaires diplômés ne peuvent tenir officine ouverte; ils sont autorisés seulement à préparer et délivrer les médicaments destinés aux animaux confiés à leurs soins, tout en se conformant aux lois et règlements relatifs aux substances toxiques.

dentiste avec celle de pharmacien ou d'herboriste est interdit, même en possession, par le même titulaire, des diplômes conférant le droit d'exercer ces professions. Cette disposition n'est pas applicable à ceux qui exercent aujourd'hui simultanément les deux professions.

Toutefois, le médecin, établi dans une commune où il n'y a pas de pharmaciens, peut fournir des médicaments aux malades près desquels il est appelé et qui résident dans des communes distantes de 6 kilomètres au moins de toute pharmacie. Il ne peut délivrer de médicaments aux malades qui viennent le consulter dans son cabinet que s'il réside lui-même dans une commune éloignée de 6 kilomètres au moins d'une pharmacie. Les médecins bénéficiant de cette exception ne peuvent avoir officine ouverte; ils sont soumis à toutes les obligations, résultant, pour les pharmaciens, des lois et règlements en vigueur, à l'exception de la patente.

Pour satisfaire aux cas d'urgence, les médecins, même alors qu'une ou plusieurs pharmacies existent dans la localité qu'ils habitent, sont autorisés à avoir chez eux certains remèdes dont la liste sera dressée par un règlement d'administration publique, qu'ils pourront administrer directement et gratuitement à leurs malades.

Les vétérinaires diplômés ne peuvent tenir officine ouverte; ils sont autorisés seulement à préparer et à délivrer les médicaments destinés aux animaux confiés à leurs soins, tout en se conformant aux lois et règlements relatifs aux substances toxiques.

Comme on le voit, ces articles ont pour but de régler les questions suivantes :

1° Exercice simultané des professions de médecin et de pharmacien; cas où il est défendu, cas où il est permis (art. 11 du Sénat, § 1).

2° Vente des médicaments par les médecins en cas d'absence de pharmacien dans la localité (art. 11 Chambre des députés, art. 11 du Sénat, § 2 et 3).

3° Administration des médicaments en cas d'urgence (art. 11 de la Chambre des députés, § 2, et art. 11 du Sénat, § 3).

4° Vente des médicaments par les vétérinaires (art. 11 de la Chambre des députés, § 3, et art. 11 du Sénat, § 4).

Ces différentes questions, soumises déjà à l'examen des deux Chambres, à propos de la loi sur la médecine, ayant été l'objet de nombreuses protestations de la part du corps pharmaceutique et médical, et n'ayant pas été encore résolues, avaient été renvoyées à la commission de la loi sur la pharmacie de la Chambre des députés et à celle du Sénat.

L'article 11, proposé par la commission du Sénat, étant plus complet et plus précis que celui adopté par la Chambre des députés, doit être préféré ; il soulève cependant quelques observations sur lesquelles il importe d'insister.

Le paragraphe 1 de l'article 11 du Sénat défend l'exercice simultané des professions de médecin, chirurgien-dentiste, avec celle de pharmacien ou d'herboriste, même en possession par le même titulaire des diplômes conférant le droit d'exercer ces professions.

Les lois existantes ne défendent point d'une manière expresse l'exercice simultané de ces professions et c'était dans la législation médico-pharmaceutique une lacune à combler. Si le même individu possède à la fois le pouvoir légal de visiter les malades, de faire des prescriptions, de préparer et de vendre les remèdes ordonnés, les plus graves abus peuvent se produire : une polypharmacie, ruineuse pour sa santé comme pour sa fortune, menacera le malade ; il n'y aura nul contrôle possible entre le médicament prescrit et le médicament administré ; il y a plus, l'exercice de l'art de guérir en souffrirait beaucoup, car ces deux branches, médecine et pharmacie, sont assez vastes pour que les capacités physiques et intellectuelles d'un seul homme suffisent à peine à chacune d'elles. A l'appui de l'interdiction du cumul des deux professions, M. Chevandier disait à la Chambre des députés : « Il est certain que, de prime abord, rien ne paraît plus naturel que la délivrance des remèdes par le médecin. Il a tout intérêt à s'assurer qu'ils sont de bonne qualité, ses succès étant à ce prix. Toutefois, il faudrait admettre que nulle connaissance pharmaceutique ne lui est étrangère. Il n'en est pas ainsi. La distinction des intérêts oblige donc le législateur à établir dans quelles limites fonctionneront les deux professions et aussi dans quelles conditions exceptionnelles l'intérêt des malades exige que le médecin puisse délivrer des médicaments. »

Le premier paragraphe de l'article 11 n'existe pas dans le projet de la Chambre des députés ; il a été ajouté par la commission du Sénat pour les raisons suivantes indiquées dans le rapport de M. le Dr Cornil : « Nous avons ajouté à l'article 11 le premier alinéa qui avait figuré dans les divers projets sur l'exercice de la médecine et sur celui de la pharmacie et qui, ballotté de l'un à l'autre, ne se trouvait finalement dans aucun d'eux. La médecine doit être exercée par les médecins, la pharmacie par les pharmaciens. A chacun sa tâche pour que leurs fonctions soient remplies avec toutes les garanties de science, d'honnêteté, de délicatesse désirables. Que le pharmacien n'érige pas son officine ou son arrière-boutique en cabinet de consultations médicales, et que le médecin, de son côté, ne cherche pas à vendre de remèdes au préjudice des pharmaciens. »

L'article 11 contient un certain nombre d'exceptions au principe posé par le premier paragraphe; nous allons les examiner successivement :

La disposition relative à l'exercice simultané de la médecine et de la pharmacie n'est pas applicable à ceux qui exercent aujourd'hui simultanément ces deux professions. Nous n'avons rien à dire sur ce point ; c'est une nouvelle confirmation du principe de droit : Les lois n'ont pas d'effet rétroactif.

Le deuxième paragraphe de l'article 11 du Sénat est destiné à remplacer l'article 27 de la loi du 21 germinal an XI, relatif au droit qu'ont exceptionnellement les médecins, même non pourvus du diplôme de pharmacien, de vendre et débiter des médicaments. Cet article 27 est ainsi conçu : « Les officiers de santé, établis dans les bourgs, villages ou communes où il n'y aurait pas de pharmacien ayant officine ouverte, pourront fournir des médicaments simples ou composés aux personnes près desquelles ils seront appelés, mais sans avoir le droit de tenir officine ouverte. »

Le deuxième paragraphe de l'article 11 proposé par la commission sénatoriale était ainsi conçu :

Toutefois, le médecin, établi dans une commune où il n'y a pas de pharmacien, peut fournir des médicaments aux malades près desquels il est appelé et qui résident dans des communes distantes de 6 kilomètres au moins de toute pharmacie. Il ne peut délivrer de médicaments aux malades qui viennent le consulter dans son cabinet, que s'il réside lui-même dans une commune éloignée de 6 kilomètres au moins de toute pharmacie. Les médecins, bénéficiant de cette exception, ne peuvent avoir d'officine ouverte; ils sont soumis à toutes les obligations résultant pour les pharmaciens des lois et règlements en vigueur, à l'exception de la patente.

Ce deuxième paragraphe, proposé par la commission sénatoriale, qui avait pour but de faire disparaître les incertitudes de l'article 27 de la loi du 21 germinal an XI et qui aurait probablement mis un terme aux abus créés par cet article, a été repoussé par le Sénat, malgré les efforts éloquents et énergiques de MM. les professeurs Cornil et Brouardel. Sur la proposition de M. Maxime Lecomte et de M. Hervé de Saisy, le Sénat est purement et simplement revenu à l'article 27 de la loi de germinal et a adopté, en le modifiant légèrement, le texte de cet article. Voici, en effet, ce que porte le paragraphe 2 de l'article 12 adopté par le Sénat :

Les médecins, exerçant dans une commune où il n'y a pas d'officine de pharmacien, pourront porter des médicaments simples ou composés aux personnes près desquelles ils sont appelés, mais sans avoir le droit de tenir officine ouverte. Ils seront soumis à toutes les obligations résultant, pour les pharmaciens, des lois et règlements en vigueur, à l'exception de la patente.

Cette décision du Sénat est profondément regrettable, car elle laisse la porte toute grande ouverte aux incertitudes et aux abus engendrés par l'article 27 de la loi de germinal.

L'article 11 proposé par la commission du Sénat, § 3, et l'article 11, § 2, du projet adopté par la Chambre des députés contiennent des dispositions qui ont causé une très vive émotion dans le corps pharmaceutique. En vertu de ces paragraphes, pour satisfaire aux cas d'urgence, les médecins, alors même qu'une ou plusieurs pharmacies existent dans la localité qu'ils habitent, sont autorisés à avoir chez eux certains remèdes, dont la liste sera dressée par un règlement d'administration publique, qu'ils pourront, *dit le projet de la Chambre*, distribuer à leurs malades dans les circonstances prévues par le même règlement; qu'ils pourront, *dit le projet du Sénat*, administrer directement et gratuitement à leurs malades.

Pour justifier cette nouvelle exception au principe posé par l'article 11, § 1, le Dr Chevandier donnait à la Chambre des députés les raisons suivantes : « Souvent l'urgence d'agir est telle que toute perte de temps peut être funeste. Qui ignore combien les habitants de la campagne sont lents à se décider à appeler le médecin? Ils espèrent d'abord n'avoir à faire qu'à une indisposition ; puis ils mettent en pratique quelque moyen empirique et il arrive que trop souvent l'homme de l'art arrive lorsque le mal réclame une médication énergique et immédiate. Aussi, la plupart du temps, se fait-il raconter par la personne qui vient le chercher les détails les plus circonstanciés sur les symptômes de la maladie et se munit-il des remèdes dont il présume l'emploi. Il est donc nécessaire qu'il ait chez lui une certaine provision de médicaments dont l'application, en temps utile, peut sauver le malade ou tout au moins couper court à la douleur. Dans les cas d'urgence, nous demandons pour le médecin le droit, même alors qu'une officine de pharmacien existe dans le lieu de sa résidence, de distribuer tels ou tels médicaments pouvant arrêter soit une hémorragie, soit un accès pernicieux, soit une douleur intolérable, etc. Tout le monde use de ce droit pour soi-même. On vend tous les jours de petites pharmacies, contenant les moyens à employer contre les accidents, dans le pansement des plaies et aussi contre les symptômes d'une maladie qu'il faut juguler. Nul ne songe à proscrire cette mesure de précaution. Et s'il est vrai que chacun peut avoir chez soi quelques médicaments, comment expliquer que celui-là seul qui en connaît l'application soit tenu en dehors du droit commun? »

Ce paragraphe a été vivement combattu par les médecins et par les pharmaciens. Les premiers n'admettent pas qu'un règlement d'administration publique établisse à l'avance la liste des médicaments d'urgence qu'ils peuvent avoir chez eux ; ils ont, disent-ils, seuls qualité pour apprécier l'urgence et pour savoir quel est le médicament qu'il convient d'administrer. Aussi demandent-ils, pour satisfaire aux cas d'urgence, alors même qu'une ou plusieurs pharmacies existent dans la localité qu'ils habitent, à être autorisés à avoir chez eux pour les administrer tous les remèdes nécessaires.

Les pharmaciens disent à leur tour : si les médecins sont autorisés à avoir chez eux un certain nombre de médicaments, ils prendront rapidement l'habitude d'avoir d'autres médicaments que ceux portés sur la liste et s'ils étaient poursuivis, dans le cas où il serait possible de démontrer cette infraction à la loi, ils ne manqueraient pas d'invoquer, à titre d'excuse, la gravité de l'état du malade et l'urgence d'une intervention médicamenteuse immédiate.

Bien que la rédaction de l'article 11 du Sénat nous paraisse moins dangereuse que celle du projet adopté par la Chambre des députés, nous considérons que cet article, malgré les raisons sentimentales qu'on invoque en sa faveur, doit être purement et simplement supprimé et cela pour les motifs suivants : la santé publique ne sera véritablement sauvegardée par la législation nouvelle que si médecins et pharmaciens exercent chacun leur profession dans des limites nettement déterminées ; s'il en était autrement, la confusion la plus regrettable régnerait dans l'art de guérir. On peut certainement admettre que beaucoup de médecins administreront directement et gratuitement à leurs malades les remèdes dits urgents, mais il n'est pas téméraire de penser

que certains d'entre eux sauront, sous une forme ou un prétexte plus ou moins habile, faire payer à leurs malades les
médicaments qu'ils sont tenus, en cas d'urgence, de leur
délivrer gratuitement. Il est toujours dangereux de laisser
ainsi les hommes arbitres de leurs propres intérêts aux dépens
de leur devoir. Quels seront les médicaments d'urgence? Où
commencera cette liste et où finira-t-elle? Un médicament urgent pour tel médecin sera-t-il urgent pour tel autre ?

La thérapeutique s'enrichissant chaque jour de nouvelles
substances destinées à remplacer d'une façon plus efficace les
anciens remèdes, ne faudra-t-il pas presque chaque jour
ajouter à la liste un nouveau médicament et refaire constam-
ment la liste établie? N'était-il pas plus simple de laisser les
choses dans l'état actuel? Aujourd'hui, et personne ne s'en
est plaint, un médecin habitant une localité où existe une
pharmacie, appelé à la hâte chez un malade, envoie chercher
chez le pharmacien ce qu'il croit nécessaire et l'apporte ou
le fait apporter chez le malade. Dira-t-on qu'un médecin qui
administrerait aujourd'hui un médicament quelconque,
même dans un cas d'urgence, serait à la merci d'un pharmacien et pourrait être exposé à des poursuites tracassières?
Certes, de pareilles poursuites sont possibles, mais ont-elles
été jamais exercées?

Comme on le voit, la commission sénatoriale avait dit :
« Pour satisfaire aux cas d'urgence, les médecins, alors
même qu'une ou plusieurs pharmacies existent dans la localité qu'ils habitent, sont autorisés à avoir chez eux certains
remèdes, dont la liste sera dressée par un règlement d'administration publique, qu'ils pourront administrer directement
et gratuitement à leurs malades. »

Ces mots *directement* et *gratuitement*, employés par la commission sénatoriale, ayant paru blesser la susceptibilité de
beaucoup de sénateurs, ont été supprimés par le Sénat, et la
rédaction suivante a été adoptée (art. 12, § 3) :

Pour satisfaire aux cas d'urgence, les médecins, même alors qu'une ou
plusieurs pharmacies existent dans la commune qu'ils habitent, sont au-

torisés à administrer, soit chez eux, soit chez leurs malades, certains remèdes dont la liste sera dressée par un règlement d'administration publique.

Que résultera-t-il de cette situation créée par le nouveau projet de loi?

Les incertitudes de l'article 27 ne seront pas précisées; elles seront même aggravées. En effet, le périmètre de protection des pharmacies ne sera pas fixé; donc à toute distance, aussi faible qu'elle soit d'une pharmacie, un médecin habitant une commune où il n'y a pas de pharmacie, pourra fournir des médicaments à ses clients. En cas d'urgence, et sans se préoccuper de la question de savoir s'il y a ou non un pharmacien dans la ville qu'ils habitent, ils pourront administrer soit chez eux, soit chez leurs malades, certains remèdes dont la liste sera dressée par un règlement d'administration publique. Il résultera de cette situation que la plupart des médecins feront de la pharmacie et que les pharmaciens feront le reste, c'est-à-dire rien.

Le jour où ce nouvel état de choses sera mis en vigueur, les pharmaciens qui ont fait de longues études et auxquels on a demandé des sacrifices énormes d'intelligence et d'argent, ne trouveront plus le moyen de vivre honorablement de leur profession. De plus, et c'est là un danger public auquel le législateur n'a pas songé, la pharmacie presque partout sera livrée aux mains de médecins qui peuvent être de très habiles médecins, mais qui ne sont pas préparés par leurs études à faire l'analyse et la préparation des médicaments et qui ne possèdent pas dans leurs maisons une organisation nécessaire pour tenir un dépôt de pharmacie. A-t-on songé aux accidents graves qui peuvent se produire dans de pareilles conditions? Pourquoi inscrire dans la loi la défense de cumuler les professions de pharmacien avec celle de médecin, si on permet à celui qui ne possède que ce dernier titre d'exercer dans presque tous les cas la médecine et la pharmacie?

J'ajoute, en terminant, que cet article sera la cause d'incessants conflits entre les membres de ces deux branches de la

médecine, qui, comme le disait très justement M. le professeur
Brouardel au Sénat, ont tout intérêt à éviter des discussions
et des luttes quelquefois scandaleuses et qui sont préjudi-
ciables à la dignité des deux professions.

Si cet article, qui semble avoir été créé dans un but huma-
nitaire, était maintenu, il devrait être complété, toujours pour
le même motif, par un paragraphe autorisant les pharmaciens
à donner, en attendant l'arrivée du médecin, les premiers secours aux malades en cas de maladie à invasion subite ou aux
blessés en cas d'accidents. Personne n'ignore que c'est un fait
passé dans les habitudes publiques d'apporter chez le pharmacien, dont l'officine se révèle à tous, dont le dévouement est
toujours prêt, et qui a sous la main les objets nécessaires pour
une assistance rapide, les personnes malades ou blessées qui
ont besoin d'être immédiatement secourues. Le public est
convaincu que le pharmacien a le devoir légal de soigner les
malades et les blessés de la rue et s'il hésite, dans certains
cas, à donner les premiers secours, la foule ne lui ménage
pas ses sarcasmes et la presse fait ensuite chorus avec elle.
Si on inscrivait dans la loi cette autorisation, il serait nécessaire de la limiter. Aussi, pour ne pas éveiller à cet égard les
susceptibilités légitimes des médecins qui seraient tentés de
voir là un empiètement sur leurs prérogatives, il serait spé-
cifié que le pharmacien ne pourrait pas prescrire de traitement, mais devrait se borner à donner les premiers soins qui
peuvent sauver la vie d'un malade ou d'un blessé.

Nous répéterons avec M. le professeur Cornil : La médecine
doit être exercée par les médecins et la pharmacie par les
pharmaciens, et si on peut permettre dans certains cas exceptionnels et urgents, l'exercice simultané de ces deux professions, il faut que chacune d'elles ait des prérogatives
égales pour maintenir entre tous les membres de ces deux
grandes familles, cette communion de pensée, d'action et de
vue devant concourir au même but, qui est la gloire de l'art
et le soulagement de l'humanité.

L'article 11, § 3, de la Chambre des députés et l'article 11,

§ 4, du Sénat disposent que les vétérinaires diplômés ne peuvent tenir officine ouverte ; ils sont autorisés seulement à préparer et à délivrer les médicaments destinés aux animaux, confiés à leurs soins, tout en se conformant aux lois et règlements relatifs aux substances toxiques.

Ces paragraphes ont pour but de régler la question encore controversée de savoir si les vétérinaires ont le droit de vendre des médicaments et des substances vénéneuses.

Quelques commentateurs ont paru croire que jusqu'au moment actuel, les vétérinaires ont possédé le droit d'exercer la médecine et la pharmacie afférentes à leur art. C'est là une erreur ; cette question, très controversée, a été simplement réglée par la jurisprudence des tribunaux et par quelques circulaires ministérielles, notamment celle du 23 mai 1853, contenant des instructions sur l'application de l'ordonnance du 29 octobre 1846.

Les pharmaciens ont protesté contre le droit donné aux vétérinaires et leurs revendications avaient paru si légitimes qu'un très grand nombre de projets de loi, en particulier celui déposé à la Chambre en 1883, rapporteur M. Naquet, avaient interdit aux vétérinaires d'exercer en même temps la médecine et la pharmacie afférentes à leur art.

On s'est demandé, d'un autre côté, si la suppression du privilège accordé aux vétérinaires, qu'on croyait à tort aussi ancien que leur profession même, ne ferait pas surgir des réclamations dans une corporation qui rend à l'agriculture d'importants services et qui a d'autant plus besoin d'être rémunérée que la considération dont elle jouit n'est pas toujours à la hauteur de son utilité et du mérite de ses membres. Consulté à cet égard, M. le Ministre de l'agriculture, spécialement chargé de défendre les intérêts de l'art vétérinaire, a demandé le maintien du privilège comme nécessaire au recrutement de cette profession, dont les revenus sont si faibles qu'ils cesseraient d'être rémunérateurs si le vétérinaire ne pouvait délivrer un médicament que, dans la plupart des cas, il est obligé de faire prendre lui-même aux animaux qu'il doit soigner.

Les raisons, invoquées en faveur du droit accordé aux vétérinaires, ne nous semblent pas péremptoires : l'art vétérinaire, surtout dans ces dernières années, s'est placé au rang des professions véritablement savantes et ceux qui, comme nous, ont l'honneur de connaître les professeurs éminents de nos écoles vétérinaires, savent avec quel éclat et quel talent ils donnent à leurs élèves un enseignement élevé.

Il n'est personne aujourd'hui qui oserait contester à ces praticiens la place importante qu'ils occupent dans les sociétés savantes et les services qu'ils rendent à l'agriculture, à l'hygiène et à la police sanitaire, services qui leur valent les fonctions lucratives d'inspecteurs des abattoirs, de médecins des épizooties, de membres des commissions de recensement, etc. Aussi, malgré le baccalauréat exigé depuis deux ans environ, le nombre des candidats à nos écoles vétérinaires ne fait qu'augmenter. Il n'en serait point ainsi si la profession ne tendait pas à prendre dans la société la situation qu'elle a le droit légitime de revendiquer et de posséder. Nous ne croyons pas que les vétérinaires aient beaucoup à gagner, au point de vue de leur considération, à être placés, parce qu'ils font de la médecine vétérinaire, dans des conditions autres que celles imposées à ceux qui font de la médecine humaine ; nous inclinerions au contraire à penser que beaucoup d'entre eux préféreraient être assimilés à leurs confrères en médecine humaine et placés, au point de vue pharmaceutique en particulier, sous le régime de l'article 11 applicable aux médecins.

Nous nous permettrons d'ajouter qu'on doit appliquer, pour justifier la défense de l'exercice simultané de la médecine et de la pharmacie vétérinaires, toutes les considérations que nous avons développées à propos du cumul des professions de médecin et de pharmacien. Il présente en effet les mêmes inconvénients, avec une latitude encore plus étendue peut-être, puisque le vétérinaire, non soumis par le projet de loi de la commission sénatoriale aux visites des inspecteurs des pharmacies, peut puiser dans sa propre pharmacie toutes sortes de remèdes, bons ou mauvais, faire écouler ceux dont la vente lui est avantageuse, et placer au détriment de la bourse et des intérêts de ses clients, les produits qui le surchargent. Nous l'avons déjà dit et nous le répétons : Il y a toujours du danger à laisser ainsi les hommes arbitres de leurs propres intérêts aux dépens de leurs devoirs. Il convient cependant de dire que l'article 12, adopté par le Sénat, soumet les vétérinaires diplômés qui vendent des médicaments à toutes les obligations résultant pour les pharmaciens des lois et règlements en vigueur, à l'exception de la patente; ils sont donc soumis à l'inspection des pharmacies.

Sous le bénéfice de ces observations, nous proposerions de supprimer le § 4 de l'article 11 du projet du Sénat et de le remplacer par le paragraphe suivant : « Toutes les dispositions de l'article 11 relatives à l'exercice simultané des professions de médecin et de pharmacien, à la vente des médicaments par les médecins, en cas d'absence de pharmacien dans la localité, à l'administration des médicaments en cas d'urgence, sont applicables aux vétérinaires, c'est-à-dire à tous ceux qui seuls ont le droit de prendre ce titre et qui sont par conséquent possesseurs du diplôme délivré par les écoles spéciales d'Alfort, Lyon, Toulouse. »

Les articles 13 et 15 du Sénat correspondent aux articles 12 et 13 du projet de la Chambre des députés. Ils sont ainsi conçus :

ART. 12. — CHAMBRE DES DÉPUTÉS.	ART. 13. — SÉNAT.
Toute substance constituant un médicament simple ou composé, sous quelque forme que ce soit, peut, sauf l'exception prévue par l'article suivant, être librement délivrée par le pharmacien avec son étiquette, et sur la demande expresse de l'acheteur, et ce, sans qu'il puisse être dérogé aux lois sur l'exercice illégal de la médecine. Le médicament ainsi vendu devra	Les pharmaciens ne peuvent délivrer au public, sans l'ordonnance d'un médecin ou d'une personne ayant le droit de signer une ordonnance : 1° les substances simples toxiques ; 2° les médicaments composés doués de propriétés vénéneuses, qui sont nominalement désignés dans le décret du 8 juillet 1850 ou qui le seront dans le règlement d'administration publique prévu à

porter sur l'étiquette le nom de la substance ou des substances actives qui en forment la base.

L'obligation relative à cette indication ne s'applique pas aux médicaments préparés pour un cas particulier sur la prescription d'un médecin, rédigée de manière à pouvoir être exécutée dans toutes les pharmacies.

Elle ne s'applique pas non plus à ceux qui sont inscrits dans le Codex, à la condition qu'ils soient vendus sous la même dénomination que celle du Codex.

Aucun médicament simple ou composé, de fabrication française ou étrangère, ne pourra être livré au public sans que le nom ou la formule exacte et précise n'ait été déposée à l'Académie de médecine, si elle ne se trouve inscrite au Codex.

Tout pharmacien français pourra en prendre connaissance et livrer la substance ou exécuter la formule, sauf à respecter la marque de fabrique adoptée par l'auteur.

l'article 29 de la présente loi ou dans des décrets ultérieurs ; 3° les médicaments simples ou composés dont une liste spéciale sera dressée par la commission du Codex.

Toutefois, les pharmaciens peuvent, sans déroger aux lois sur l'exercice de la pharmacie, librement délivrer, sur la demande de l'acheteur, les autres substances constituant des médicaments simples ou composés.

Si le médicament composé, ainsi livré, est inscrit au Codex, le pharmacien devra porter sur l'étiquette l'une des désignations qui y sont mentionnées. S'il n'y est pas inscrit, il devra porter sur l'étiquette, indépendamment de toute dénomination commerciale s'il en existe, le nom et la dose de la ou des substances actives qui en forment la base.

Les substances simples devront porter sur l'étiquette, en outre du nom scientifique et de l'une des dénominations mentionnées au Codex, la désignation nécessaire arrêtée par l'Académie de médecine, en vertu du quatrième paragraphe de l'art. 18, s'il en existe une.

Sont interdites la vente, la livraison et l'annonce soit des médicaments composés, soit des substances simples qui ne porteraient pas sur l'étiquette les désignations ci-dessus.

ART. 13. — CHAMBRE DES DÉPUTÉS.

Sont exceptées des dispositions de l'article précédent les substances simples toxiques et les médicaments composés doués de propriétés vénéneuses qui sont nominativement désignés dans le décret du 8 juillet 1850 ou qui le seront, soit dans le règlement d'administration publique prévu à l'article 26 de la présente loi, soit dans les décrets ultérieurs.

Ces substances ne pourront être délivrées par les pharmaciens que sur la prescription qui en sera faite par les médecins ou ceux qui ont le droit de signer une ordonnance.

ART. 15. — SÉNAT.

L'ordonnance d'un médecin ou de toute personne ayant le droit de la signer devra être rédigée de façon à pouvoir être exécutée dans toutes les pharmacies.

Si le pharmacien croit devoir conserver l'ordonnance médicale, il devra en délivrer une copie certifiée conforme.

Toute ordonnance médicale, exécutée dans une pharmacie, ne sera rendue qu'après apposition du timbre de la pharmacie.

En outre, il sera dressé dans le Codex une liste de médicaments dont chaque délivrance ne pourra être

Si les pharmaciens conservent l'ordonnance médicale, ils devront en délivrer, s'ils en sont requis, une copie certifiée conforme.

Toute ordonnance médicale exécutée dans une pharmacie ne sera rendue qu'après l'apposition du timbre de la pharmacie.

En outre, il sera dressé dans le Codex une liste de médicaments dont la délivrance ne pourra être faite que sur ordonnance nouvelle.

faite que sur ordonnance nouvelle.

Si l'on compare entre eux ces articles, on voit qu'ils indiquent :

1° Les conditions dans lesquelles les pharmaciens peuvent délivrer des médicaments sans ordonnances de médecins (art. 12 de la Chambre des députés et art. 13 du Sénat, § 3).

2° La liste des médicaments que les pharmaciens ne peuvent pas délivrer sans ordonnances de médecins; les conditions imposées pour cette vente (art. 13 de la Chambre des députés et art. 14 du Sénat, § 1 et 2).

3° Les formalités relatives à la rédaction des formules des médecins, à leur copie, à l'apposition du timbre (art. 13 de la Chambre des députés, § 2, 3, 4, 5, et art. 15 du Sénat).

Si l'on examine comparativement le texte de ces articles, on voit qu'il y a entre eux des différences profondes qui peuvent être ainsi résumées :

1° Le projet de la Chambre autorise les pharmaciens à délivrer librement tous les médicaments qui leur seront demandés par l'acheteur, à l'exception des substances vénéneuses. Le projet du Sénat estime qu'en dehors des substances vénéneuses, il existe quelques médicaments dont il serait dangereux de laisser le libre usage au public; aussi il décide qu'il devra figurer au Codex une liste de médicaments simples ou composés, dressée par la commission du Codex, médicaments qui, comme les substances vénéneuses, ne pourront être vendus par les pharmaciens que sur l'ordonnance d'un médecin ou d'une personne ayant le droit de la signer.

2° Le projet de la Chambre des députés dit que les médicaments vendus librement par les pharmaciens devront porter, sauf exception, le nom de la substance ou des substances actives qui forment la base de ce médicament. Le projet du Sénat dit que ces médicaments devront porter non seulement le nom, mais *encore les doses* de la substance ou des substances actives qui entrent dans sa composition.

3° Le projet de la Chambre dit, article 12, § 5 et 6, « qu'aucun médicament simple ou composé de fabrication française ou étrangère ne pourra être livré au public sans que le nom ou la formule exacte et précise n'ait été déposée à l'Académie de médecine, si elle ne se trouve inscrite au Codex. Tout pharmacien français pourra en prendre connaissance et livrer la substance ou exécuter la formule, sauf à respecter la marque de fabrique adoptée par l'auteur de la formule. » Le projet du Sénat a supprimé ces paragraphes et voici les motifs invoqués par la commission : « Ces alinéas visaient et compromettaient gravement les spécialités pharmaceutiques, qui constituent une branche importante de notre commerce intérieur et du commerce d'exportation. Le dépôt à l'Académie de médecine de leur formule exacte et précise, la possibilité d'en prendre connaissance, auraient constitué une prime à la contrefaçon en France et surtout à l'étranger. Il arriverait d'ailleurs, que des pharmaciens pourraient abuser au point de vue de la réclame, de ce dépôt de formule à l'Académie, et induiraient ainsi le public en erreur. En ce qui touche la protection de la santé publique, il suffit, ainsi que nous le disait M. Brouardel, de connaître le nom et la dose de la ou des substances actives qui en forment la base. C'est ce que nous exigeons par le quatrième alinéa de l'article 12, en même temps que nous proscrivons la vente, la fabrication et l'annonce des remèdes secrets. »

Avant de discuter ces différents articles, il importe d'indiquer le but que l'on a cherché à atteindre en les publiant. On a voulu principalement :

1° Faire disparaître la prohibition impraticable formulée dans le premier alinéa de l'article 32 de la loi du 21 germinal an XI, ainsi conçu : « Les pharmaciens ne pourront livrer et débiter les préparations médicales ou drogues composées quelconques que d'après la prescription qui en sera faite par des docteurs en médecine ou en chirurgie ou par des officiers de santé et sous leur signature. »

2° Faire cesser toutes les difficultés qui ont surgi dans la législation actuelle à propos des médicaments de composition inconnue, compris sous la dénomination de remèdes secrets, en particulier celles qui résultent de l'inobservation des prescriptions contenues dans l'article 32, § 2, et l'article 36 de la loi du 21 germinal an XI, ainsi conçus :

ART. 32, § 2. — « Les pharmaciens ne peuvent vendre aucun remède secret.

Art. 36. — « Tout débit au poids médicinal, toute distribution de drogues et préparations médicamenteuses sur des théâtres ou étalages, dans les places publiques, foires et marchés, toute annonce ou affiche imprimée qui indiquerait des remèdes secrets, sous quelque dénomination qu'ils soient présentés, sont sévèrement prohibés. Les individus qui se rendraient coupables de ce délit seront poursuivis par mesure de police correctionnelle et punis conformément à l'article 83 du Code des délits et des peines. »

Ce double but a-t-il été atteint? c'est ce que nous allons voir dans les commentaires que nous avons à présenter sur ces articles.

Nous avons déjà dit que, d'après l'article 12 du projet adopté par la Chambre des députés, les pharmaciens sont autorisés à délivrer librement tous les médicaments qui leur seront demandés par l'acheteur, à l'exception des substances vénéneuses. Nous avons dit, en outre, que l'article 13 du Sénat modifie l'article 12 du projet de la Chambre. Il établit, en effet, qu'en dehors des substances vénéneuses, il y aura un certain nombre de médicaments simples et composés, dont la liste sera dressée par la commission du Codex, qui ne pourront être livrés au public par les pharmaciens, que sur l'ordonnance d'un médecin.

La Chambre des députés et la commission du Sénat ont pensé avec raison qu'il était impossible, conformément à l'article 32 de la loi du 21 germinal an XI, d'astreindre le pharmacien à exiger de son client une ordonnance pour tout médicament quel qu'il soit, et elles ont fait disparaître en partie cette prohibition impraticable. Tenant compte des connaissances qu'on exige du pharmacien et dont il doit faire preuve lors de sa réception, de son existence légale, du rang qu'il tient dans la société, des garanties morales et scientifiques qu'il présente, la Chambre des députés laissait au pharmacien une assez grande liberté dans la délivrance des médicaments. La commission du Sénat, craignant qu'une liberté trop étendue rende illusoire les principes inscrits dans la loi sur la médecine, a fait des réserves. Nous aurions préféré qu'on laissât à cet égard au pharmacien une latitude que sa circonspection et le sentiment de sa responsabilité rendraient sans péril; mais par mesure de précaution, on pourrait inscrire dans la loi l'article suivant : « Le pharmacien est responsable des accidents qui pourraient arriver par suite de l'emploi ou de l'abus qu'on aurait fait d'un médicament qu'il aurait fourni, à moins qu'il ne justifie que le médicament a été délivré sur la présentation d'une prescription revêtue de la signature d'un médecin ou de ceux qui ont le droit de signer une ordonnance. Dans ce cas, la responsabilité retombera sur le signataire. »

La Chambre des députés et la commission du Sénat ont essayé dans leurs projets de loi de faire cesser toutes les difficultés qui ont surgi dans la législation actuelle à propos des médicaments à composition inconnue, compris sous la dénomination de remèdes secrets, mais, à notre avis, elles n'ont pas atteint le but qu'elles s'étaient proposé.

Il faut bien reconnaître du reste que c'est là une question extrêmement difficile à régler, mais elle ne peut l'être que si elle est formulée dans des termes précis.

Qu'appelle-t-on remèdes secrets? Quel parti convient-il d'adopter définitivement, en ce qui concerne les remèdes secrets, pour concilier de la manière la plus équitable les intérêts de la santé publique et les droits des propriétaires de ces remèdes? Telles sont les deux faces de la question qu'il s'agit d'examiner successivement.

L'ancienne législation avait cherché à réglementer la vente des remèdes secrets; nous en trouvons la preuve dans la remarquable étude historique faite sur ce point par l'Académie de médecine en 1833 (1). Mais, toutes ces anciennes dispositions avaient été remplacées par la loi du 21 germinal an XI qui, par son article 32, défend aux pharmaciens de vendre aucun remède secret, prohibe toute annonce ou affiche imprimée qui indiquerait des remèdes

(1) de Beauchamp, *Enquêtes et documents relatifs à l'enseignement supérieur*, t. XL, p. 159.

secrets sous quelque dénomination qu'ils soient présentés.

Un décret du 25 prairial an XIII modifia cette disposition et admit des exceptions qui paraissaient seulement la restreindre dans son application, mais qui l'annulaient en effet. Ce décret portait que la défense d'annoncer et de vendre des remèdes secrets, contenue dans la loi du 21 germinal an XI, ne concernait ni les préparations et remèdes qui, avant la publication de la loi, auraient été approuvées et dont la distribution aurait été permise dans les formes usitées, ni ceux qui, d'après l'avis des écoles et sociétés de médecine, ou de médecins réunis à cet effet depuis la loi, auraient été ou seraient approuvés et dont la distribution aurait été et serait permise par le gouvernement.

Cette latitude indéfinie, accordée aux inventeurs et aux débitants de remèdes secrets, parut à son tour entraîner de graves inconvénients, et ces inconvénients s'accrurent à tel point qu'on crut devoir revenir au système prohibitif en lui donnant toutefois une apparence de justice et des formes plus plausibles. Un décret du 18 août 1810 ordonna qu'à l'avenir il n'y aurait plus de remèdes secrets (1). Enfin, le 3 mai 1850, fut rendu un nouveau décret relatif à ce genre de préparations.

Toutes ces variations dans la législation des remèdes secrets prouvent combien il est difficile de concilier en pareille matière la théorie avec la pratique; c'est pour cela que la législation et la jurisprudence, en ce qui touche l'annonce et la vente des remèdes secrets, sont depuis longtemps une cause d'embarras pour l'administration, d'hésitation et de doute pour les inspecteurs des pharmacies, de décisions opposées et contradictoires pour les tribunaux.

Cependant, de nombreux arrêts des cours de Paris, Metz et surtout de plusieurs arrêts de la Cour de cassation, il résulte qu'on doit *considérer comme remèdes secrets* ceux qui ne peuvent être compris dans une des quatre catégories suivantes :

(1) de Beauchamp, *Loco citato*, t. XL, 1828-1842, p. 17.

1° Les remèdes dont la formule est inscrite au Codex et que les pharmaciens préparent pour les conserver dans leurs officines ou *remèdes officinaux* ;

2° Ceux composés sur prescriptions spéciales d'un médecin ou *remèdes magistraux* ;

3° Ceux achetés ou rendus publics par le gouvernement conformément aux décrets du 18 août et du 26 décembre 1810 ;

4° Ceux dont la formule a été, après l'assentiment des possesseurs ou inventeurs, publiée dans le *Bulletin de l'Académie de médecine*, sur l'avis de cette compagnie, et après approbation du Ministre de l'agriculture et du commerce, en exécution du décret du 3 mai 1850.

Si l'on consulte les diverses circulaires ministérielles de 1831, du 2 novembre 1850, du 15 avril 1852, du 22 décembre 1853, du 10 et du 4 décembre 1854, du 10 mai et du 4 juillet 1857, qui contiennent la liste des remèdes secrets dont la vente a été autorisée soit en vertu des décrets de 1810, soit en exécution du décret du 3 mai 1850, on n'y voit pas figurer le nom de ces nombreuses spécialités, annoncées dans les journaux politiques et médicaux, vendues par les pharmaciens soit librement, soit sur formules de médecins.

Ces spécialités sont donc des remèdes secrets dont l'annonce n'est pas permise, en vertu de l'article 36 de la loi du 21 germinal an XI ; dont la vente libre est défendue aux pharmaciens, en vertu de l'article 32 de la loi du 21 germinal an XI ; dont la vente, même sur ordonnance de médecin, est prohibée, car d'après un arrêt de la Cour de cassation il résulte que les ordonnances de médecin, qui ne contiennent aucune formule et renferment seulement la prescription d'un remède non formulé au Codex ou non légalement publié, ne donnent pas à ce remède le caractère d'un médicament magistral. Si des poursuites étaient exercées contre les fabricants, les annonceurs ou les vendeurs de ces spécialités, elles devraient nécessairement, en vertu des lois existantes, amener des condamnations. Mais, comme on comprend que ces poursuites seraient trop multipliées, comme on veut ménager des intérêts particuliers respectables ou des branches intéressantes et importantes du commerce intérieur et d'exportation, on ferme les yeux, on laisse faire et le flot dangereux des remèdes secrets envahit de plus en plus le domaine public.

Nous reconnaissons, avec tout le monde, qu'il y a dans cette question des remèdes secrets une grave difficulté qui consiste à mettre d'accord, d'une part, les intérêts de la santé publique, et d'autre part, les droits des inventeurs ou propriétaires. C'est là, et c'est peut-être ce qu'on semble avoir un peu trop oublié dans les nouveaux projets de loi proposés, le double devoir du législateur.

Quel parti conviendrait-il d'adopter définitivement, en ce qui concerne les remèdes secrets, pour concilier de la manière la plus équitable, les intérêts de la santé publique et les droits des propriétaires de ces remèdes ?

Consultés sur cette question, les corps savants ont fait les réponses suivantes :

Faculté de médecine de Montpellier. — Il ne peut guère y avoir de divergence parmi les médecins instruits en ce qui concerne les remèdes secrets. La science les repousse et chaque jour amoncelle contre eux, dans le traitement des infirmités humaines, de puissants motifs de réprobation. Pour l'homme étranger aux connaissances médicales, le danger des remèdes secrets est inscrit en grosses lettres dans leur propre histoire. Ne les voit-on pas enfantés par la cupidité, propagés par le charlatanisme, accueillis par la crédulité, enrichissant fréquemment leurs auteurs en multipliant les dupes, et disparaissant enfin sans laisser aucune trace au profit de l'art et de l'humanité? Si un homme était assez heureusement servi par le hasard pour découvrir un remède capable d'agir efficacement contre certaines de nos infirmités, que les effets en soient authentiquement constatés par l'Académie de médecine, que l'importance du remède soit justement appréciée, le gouvernement devrait en faire l'acquisition et le faire passer dans le domaine public (1).

Faculté de médecine de Paris. — Elle propose que, sur le rapport d'une commission médicale désignée à cet effet, le gouvernement accorde à l'auteur ou inventeur d'un remède reconnu bon, l'autorisation de le faire vendre à son profit, pendant un nombre d'années déterminé, sous la triple condition : que la recette du remède sera immédiatement rendue publique; que le remède ne pourra être vendu que par des pharmaciens; qu'il ne pourra être délivré que sur la prescription d'un médecin. L'inventeur sera chargé de se prémunir, contre les ventes frauduleuses ou les contrefaçons, en vertu de son droit exclusif, et de les poursuivre par les voies de droit. A l'expiration du privilège accordé à l'inventeur, le remède entrera dans le domaine public (2).

Académie de médecine. — Après avoir démontré, dans un rapport remarquable, que la morale des sociétés, les législations anciennes et modernes, les lumières de la raison, l'expérience des faits prouvent qu'il ne doit plus exister de remèdes secrets, l'Académie résume son opinion de la manière suivante : Reconnaître d'une part les droits de l'inventeur et les protéger; réclamer de l'autre les droits du corps social et les soutenir, tel est le double devoir de la législation. Pour satisfaire à ce double devoir, elle propose de supprimer les remèdes secrets et d'accorder à l'inventeur des remèdes véritablement nouveaux et utiles, un droit de monopole temporaire, un privilège exclusif dont la durée serait déterminée. Ce privilège, délivré sous le nom de patente de garantie, ne serait accordé que sur l'approbation motivée de l'Académie de médecine et dans des conditions spéciales inscrites dans une série d'articles de législation (3).

École supérieure de pharmacie de Paris. — Rien n'est rare comme un remède nouveau ou une application réellement

(1) de Beauchamp, *Loco citato*, t. XL, 1828-1842, p. 52.
(2) de Beauchamp, *Loco citato*, t. XL, 1828-1842, p. 90.
(3) de Beauchamp, *Loco citato*, t. XL, 1828-1842, p. 181.

nouvelle d'un médicament déjà connu; ce n'est que de loin en loin que les sciences d'observation en signalent à la thérapeutique. Rien cependant n'est si commun ni si dangereux que cette foule de mélanges que la cupidité, la prévention et le charlatanisme offrent comme remèdes secrets ou médicaments nouveaux; il s'en présente cependant quelquefois qui méritent de fixer l'attention et leurs auteurs doivent en tirer un avantage qu'il est cependant difficile d'apprécier à sa juste valeur. La délivrance d'un brevet peut seule, dans ce cas, concilier les prétentions des inventeurs avec les intérêts du trésor public. Mais, comme il ne s'agit pas d'une profession libre, comme la médecine et la pharmacie sont régies par des lois spéciales, en raison de l'influence que ces professions exercent sur la santé publique, il est nécessaire que l'obtention des brevets pour médicaments ne soit donnée qu'après approbation de l'Académie de médecine (1).

Loi médicale de 1838. — Ce projet de loi, proposé par le conseil royal de l'instruction publique, accorde aux inventeurs ou propriétaires de remèdes reconnus nouveaux et utiles, au moyen d'un système qui présente de grandes analogies avec celui des brevets d'invention, un monopole temporaire, c'est-à-dire le privilège d'en exploiter le débit pendant un temps déterminé, et pour atténuer les inconvénients qui pourraient résulter de cette concession, pour diminuer autant que possible le nombre des remèdes nouveaux qu'on tenterait de mettre en circulation, il exige que le débit soit autorisé par le gouvernement, et fixe dans une série d'articles, dont nous donnons le texte, les conditions dans lesquelles ce privilège peut être donné et exploité (2).

Articles de législation relatifs aux remèdes secrets.

Art. 51. — Tout remède secret est prohibé.

Art. 52. — Les inventeurs des remèdes nouveaux pourront s'en assurer

(1) de Beauchamp, *Loco citato*, t. XL, 1828-1842, p. 255.
(2) de Beauchamp, *Loco citato*, t. XL, 1828-1842, p. 445 et suivantes.

la propriété légale, en obtenant une patente de garantie dont la durée
sera limitée.

Art. 53. — Les patentes de garantie seront délivrées par le Ministre du
commerce sur l'avis approbatif de l'Académie royale de médecine.

L'examen et l'approbation de l'Académie auront pour but de constater
la nouveauté et l'efficacité du médicament. Il est expressément déclaré
que de simples changements de forme, de mode de préparation et de doses
ne constituent point un médicament nouveau.

Art. 54. — Tout médicament patenté ne pourra être vendu ou dis-
tribué que dans les officines des pharmaciens.

Art. 55. — Les patentes de garantie seront délivrées pour dix, quinze
ou vingt ans, quelle que soit l'étendue du privilège réclamé par l'inventeur; cette durée pourra être limitée sur le rapport de la commission de
l'Académie, qui consultera en cela l'importance du médicament, les avantages probables qu'en pourra retirer l'auteur dans un laps de temps déterminé et, enfin, l'utilité de faire jouir la société, le plus tôt possible, des
avantages de la découverte. Il n'y aura point de prolongation possible à
la durée du privilège accordé.

Art. 56. — Tout demandeur d'une patente de garantie sera tenu de
déposer au secrétariat du Ministère du commerce, et sous cachet, copie
double de la description du médicament, de sa composition et du mode
de préparation. Il joindra à chaque copie un échantillon du médicament.
L'un de ces paquets sera adressé à l'Académie qui en conservera le dépôt
quel que soit son prononcé; l'autre restera au Ministère pour ledit
paquet être ouvert au moment où l'inventeur retirera sa patente de
garantie.

Art. 57. — Le répertoire des formules des médicaments patentés déposé à l'Académie royale de médecine, ainsi que le répertoire semblable
déposé au secrétariat du Ministère du commerce, resteront publics. Il sera
loisible à chacun de les consulter.

Art. 58. — Le propriétaire d'une patente de garantie pourra établir
autant de dépôts que bon lui semblera, du médicament patenté, mais
seulement dans les officines de pharmacie, sauf les arrangements conve-
nables entre les deux parties.

Art. 59. — A l'expiration du délai de chaque patente, la formule, la
description et le mode de préparation du médicament patenté seront
rendus publics par la voie du *Journal officiel*, alors il rentrera dans le
domaine public.

Art. 60. — La déchéance des patentes de garantie sera prononcée par
les tribunaux :

1º Si le concessionnaire manque à ses engagements ;

2º S'il est convaincu d'avoir, en donnant sa recette, caché ou dissimulé
l'un ou plusieurs des éléments de la composition de son médicament ;

3º S'il a été breveté pour un médicament déjà consigné et décrit dans
des ouvrages imprimés et publiés.

Art. 61. — La déchéance, quelle qu'en soit l'époque, entraîne toujours
pour le patenté la perte des sommes versées par lui pour la taxe de sa
patente de garantie.

Art. 62. — Toutes les décisions de l'Académie, en fait de demande de
patente, quel qu'en soit le résultat, seront insérées au *Journal officiel*.

Art. 63. — Il sera établi une taxe pour le droit de communication des
registres des médicaments patentés, tant à l'Académie qu'au Ministère du
commerce. Néanmoins, les membres de l'Académie qui feront partie de la

commission des médicaments patentés pourront consulter ce dépôt sans être assujettis à la taxe.

Art. 64. — Il sera établi une taxe pour le droit de patente de garantie; cette taxe sera proportionnelle à la durée de la patente.

Art. 65. — La taxe de communication du médicament patenté sera de 10 francs.

La taxe du droit de patente de garantie sera :

Pour dix ans, de 2,000 francs;

Pour quinze ans, 4,000 francs;

Pour vingt ans, 6,000 francs.

Les demandeurs auront de plus à payer, pour frais d'expédition, 50 francs.

Art. 66. — Le demandeur sera tenu d'acquitter la moitié du montant de la taxe pour la patente de garantie, en présentant sa requête. Il devra, en même temps, déposer sa soumission d'acquitter l'autre moitié six mois après la concession délivrée. En cas de refus définitif de la patente de garantie par le Gouvernement, la somme versée lors de la présentation de la requête sera immédiatement restituée. Cette somme sera au contraire acquise à l'État, si le demandeur renonce lui-même à sa demande.

Art. 67. — Les inventeurs d'un remède déclaré nouveau et utile qui voudraient en gratifier sur-le-champ la société, pour qu'elle en jouisse pleinement et librement, seront recommandés au Ministre du commerce pour des récompenses proportionnées à l'importance de la découverte.

Art. 68. — Tout remède dont la nature et la composition ne seront pas complètement indiquées, ou dont la formule n'est pas insérée dans les formulaires officiels français ou étrangers, ou bien qui n'aura pas été l'objet, soit d'une autorisation légale antérieure, soit d'une patente de garantie, sera réputé remède secret, et ne pourra être annoncé publiquement, ni délivré dans aucune pharmacie que sur la prescription magistrale d'un médecin.

Art. 69. — La contravention au précédent article sera punie d'une amende de 500 francs à 3,000 francs, et pourra l'être aussi d'un emprisonnement de quinze jours à six mois. En cas de récidive, l'amende sera de 1,000 francs à 5,000 francs, et l'emprisonnement de trois mois à un an.

Art. 70. — Toutes les lois, tous les décrets, ordonnances, arrêts, avis du Conseil d'État, ou autres règlements touchant la matière des remèdes secrets, antérieurement rendus, sont et demeurent abrogés.

On peut se demander s'il ne conviendrait pas, dans l'intérêt de la santé publique, d'adopter pour la fabrication, la vente et l'annonce des remèdes secrets ou spécialités, quelques mesures analogues à celles indiquées par les corps savants dont nous venons de parler. Nous n'insisterons pas plus longtemps sur ce sujet délicat, nous dirons cependant que si l'on voulait maintenir les propositions faites soit par la Chambre des députés, soit par le Sénat, il serait nécessaire de rédiger d'une manière plus explicite les articles concernant cette matière. En effet, le dernier alinéa de l'article 13 du Sénat est ainsi conçu : « Sont interdites la vente, la fabrication et l'annonce des médicaments qui ne portent pas sur l'étiquette le nom et la dose de la ou des substances qui en forment la base. »

Si l'on rapproche de cet alinéa les termes des alinéas précédents, il se présente à l'esprit un certain nombre de questions importantes qui auraient besoin d'être précisées par le législateur :

1° Les pharmaciens spécialistes pourront-ils librement fabriquer, annoncer et vendre, à la condition de mettre sur l'étiquette le nom, la dose de la ou des substances actives qui en forment la base, toutes sortes de médicaments?

2° Seront-ils soumis à quelques obligations spéciales s'ils veulent fabriquer, annoncer ou vendre quelques préparations contenant des substances vénéneuses ou des médicaments simples et composés portés sur la liste dressée par la commission du Codex?

3° Les pharmaciens pourront-ils détenir et vendre toutes les spécialités, sans ordonnance de médecin? Devront-ils exiger au contraire des formules de médecins pour vendre les spécialités contenant des substances vénéneuses ou des médicaments simples et composés portés sur la liste dressée par la commission du Codex?

4° Les pharmaciens vendant librement ou sur ordonnance de médecin, sous l'étiquette, le cachet et la marque de fabrique d'un fabricant les spécialités d'un de leurs confrères, doivent-ils et peuvent-ils être responsables des accidents ou avaries qui pourraient provenir d'une erreur ou d'un défaut de préparation ou de conservation du produit vendu par eux à leur clientèle ?

L'article 15 du Sénat et l'article 13 de la Chambre des députés contiennent les formalités relatives à la rédaction des formules des médecins, à leur copie à l'apposition du timbre, etc., etc.

L'article 13 du projet du Sénat dit : « L'ordonnance d'un

médecin ou de toute autre personne ayant le droit de la signer sera rédigée de façon à pouvoir être exécutée dans toutes les pharmacies. » Cette formalité, qui se trouve reproduite, art. 12 de la Chambre des députés, § 3, a eu pour but de prévenir certaines ententes immorales existant entre médecins et pharmaciens et trop connues pour que nous ayons besoin d'y insister.

A propos de la rédaction des ordonnances des médecins, nous nous permettrons de signaler à l'attention du législateur un certain nombre de questions qui présentent, au point de vue pratique, une importance considérable, et qui mériteraient d'être étudiées et résolues. Nous les formulerons de la manière suivante :

1° *Les ordonnances des médecins doivent être écrites lisiblement.*

On s'est souvent plaint, dit M. Dujardin-Beaumetz dans un livre très remarquable intitulé : *l'Art de prescrire*, on s'est souvent plaint de la mauvaise écriture des médecins ; il en est en effet qui mettent un malin plaisir à rendre la lecture de leurs ordonnances presque impossible et c'est surtout dans leur signature qu'ils mettent la plus grande négligence. Sans exiger des médecins qu'ils possèdent tous une écriture élégante et correcte, il est cependant permis de leur demander d'écrire aussi lisiblement que possible les prescriptions qu'ils formulent, dans le but d'éviter des erreurs si faciles à commettre par le pharmacien.

2° *Les ordonnances doivent être inscrites sur un papier portant le nom et l'adresse du médecin.*

Cette formalité aurait pour but de permettre au pharmacien de s'assurer, dans une certaine mesure, de l'authenticité de la signature apposée au bas de la formule, chose si importante surtout quand il s'agit de prescriptions dans lesquelles il entre des substances vénéneuses. Elle aurait également pour but de permettre au pharmacien, dans le cas où il remarquerait une erreur dans l'ordonnance, de pouvoir retrouver facilement le nom et l'adresse du signataire, et de le consulter utilement et rapidement, sans faire des démarches qui sont souvent longues et quelquefois impossibles dans les grandes villes.

3° *Les doses des médicaments, surtout lorsqu'il s'agit de substances vénéneuses, doivent être inscrites en toutes lettres dans leurs formules par les médecins.*

On comprend facilement, lorsque les doses sont formulées en chiffres, les erreurs qui peuvent être commises par une virgule ou un zéro mal·placé. Cette règle est très importante, surtout lorsqu'il s'agit de substances vénéneuses. Dans une étude que nous avons publiée sur les substances vénéneuses (1), nous avons démontré qu'au point de vue de la loi, et que d'après la jurisprudence, les pharmaciens engagent leur responsabilité lorsqu'ils exécutent des prescriptions renfermant des substances vénéneuses dont les doses sont formulées en chiffres. A ce propos, nous disions : « Il serait nécessaire de faire cesser un pareil état de choses et pour cela, il conviendrait, lorsque la législation sur les poisons sera revisée, de faire insérer une disposition obligeant formellement le médecin, le premier coupable dans cette circonstance, et engageant sa responsabilité dans une mesure sinon supérieure au moins égale à celle du pharmacien. »

La proposition, que nous avions formulée dans cette étude, avait été adoptée dans un projet de loi sur l'enseignement et l'exercice de la médecine et de la pharmacie élaboré en 1836, par une commission composée de MM. Orfila, président, Léonce Vincens, Dubois père, Pariset, Andral, Robiquet, Laffon de Ladébat, Hippolyte Royer-Collard, Donné. L'article 73 de ce projet était ainsi conçu : « *Les médecins sont tenus de formuler en toutes lettres leurs prescriptions.* » Il ajoutait de plus un certain nombre de mesures qu'il serait très désirable de voir adopter, et qui sont exigées du reste dans un certain nombre de pays, en particulier en Suisse. Voici ces mesures :

« *Si les médecins prescrivent des médicaments à des doses*

____

(1) Dupuy, *Cours de pharmacie*, t. I, p. 159.

beaucoup plus élevées que celles en usage, ils devront exprimer positivement qu'il n'y a point erreur de leur part. Dans ce cas, les pharmaciens sont tenus de conserver l'ordonnance, sinon ils demeurent responsables par toutes les voies de droit, et seront passibles d'une amende de 100 francs, et de tout dommages-intérêts. Si l'ordonnance du médecin contient une erreur patente et dangereuse, le pharmacien, aux risques des mêmes peines, ne devra exécuter ladite ordonnance qu'après en avoir référé au médecin signataire, qui indiquera, par écrit, qu'il entend persister dans sa prescription. »

La Pharmacopée helvétique de 1893 donne, page 329, un tableau des doses maxima des médicaments pour les adultes, et elle ajoute : « On ne doit délivrer de doses supérieures à celles indiquées dans ce tableau que si le médecin le demande expressément, en notant en lettres le poids du médicament, en soulignant sa dose, et en la faisant suivre d'un point d'exclamation (!). »

Sous le bénéfice de ces observations, nous proposerions de rédiger le premier alinéa de l'article 15 de la manière suivante :

L'ordonnance d'un médecin ou de toute autre personne ayant le droit de la signer doit être écrite lisiblement sur un papier portant le nom et l'adresse du signataire et rédigée de façon à pouvoir être exécutée dans toutes les pharmacies. Les médecins seront tenus de formuler en toutes lettres leurs prescriptions, surtout lorsqu'il s'agit de substances vénéneuses. S'ils prescrivent des médicaments à doses plus élevées que les doses maxima inscrites dans le Codex, ils devront exprimer positivement qu'il n'y a point erreur de leur part et pour cela ils souligneront la dose du médicament et la feront suivre d'un point d'exclamation (!). Dans ce cas, les pharmaciens seront tenus de conserver l'ordonnance ; sinon, ils demeureront responsables par toutes les voies de droit et seront passibles d'une amende de 100 francs et de tous dommages-intérêts. Si l'ordonnance du médecin contient une erreur patente et dangereuse, le pharmacien, au risque des mêmes peines, ne devra exécuter ladite ordonnance qu'après en avoir référé au médecin signataire qui indiquera, par écrit, qu'il entend persister dans sa prescription.

L'article 15 du Sénat et l'article 13 de la Chambre des députés portent ce qui suit : « Si les pharmaciens conservent l'ordonnance médicale, ils devront délivrer, s'ils en sont requis, une copie certifiée conforme. Toute ordonnance médicale, exécutée dans une pharmacie, ne sera rendue qu'après apposition du timbre de la pharmacie. »

Cet article semble faire croire que les pharmaciens sont libres de rendre ou de ne pas rendre à leurs clients les formules des médecins, et semble les autoriser à ne leur délivrer qu'une copie certifiée conforme de cette formule, mais il ne dit pas ce qu'il faudrait décider au cas où le malade voudrait conserver ce même original. Il serait important à ce propos de trancher la question très controversée de la propriété des ordonnances, et de faire disparaître toutes les incertitudes qui règnent au sujet de cette propriété, car ni la loi du 21 germinal an XI, ni aucune disposition législative ultérieure, n'ont statué expressément sur ce point.

On a invoqué contre ou pour cette propriété de nombreuses raisons qui ont été très bien résumées par M. Bogelot, l'éminent avocat de l'Association de prévoyance et de l'Association générale des pharmaciens de France (1). Du côté des pharmaciens, dit-il, nous avons entendu dire que celui-ci avait intérêt et par suite droit de garder les ordonnances, afin de pouvoir, en cas de poursuite pour accident, imprudence ou mauvaise exécution de la prescription, produire le titre original et faire ainsi la preuve qu'il a fidèlement rempli sa mission.

Du côté des malades, nous avons entendu protester vivement contre cette prétention. L'ordonnance, dit-on, contient souvent non seulement des formules de médicaments, mais aussi des instructions sur la façon de les prendre et sur le régime à suivre. Il est donc nécessaire de conserver l'ordonnance pour s'y référer chaque fois que cela sera utile. C'est le guide de ceux qui soignent le malade, et le médecin lui-même a besoin de s'y reporter souvent pour se rappeler exactement ses anciennes prescriptions et donner une suite rationnelle au traitement commencé. Enfin, le malade peut avoir la fantaisie de vouloir faire exécuter telle partie de

____

(1) *Union pharmaceutique*, année 1892, p. 43.

l'ordonnance chez un pharmacien et telle autre chez un second, ce qui lui serait impossible, si le premier l'avait gardée.

Du côté des pharmaciens, on répond que cela n'est pas une raison suffisante, puisque si le pharmacien garde l'ordonnance en original, il en délivrera une copie certifiée conforme, une sorte de fac-similé, qui rendra les mêmes services que la prescription elle-même.

Mais, d'autre part, on riposte qu'une copie ne saurait avoir la valeur d'un original, que le médecin pourra hésiter et se demander si cette copie est bien exacte, alors qu'il n'aura pas le temps de s'y reporter ou de se faire apporter l'original pour le contrôler avec la copie. On dit encore que cette prétention du pharmacien pourrait n'être qu'une simple exigence pour obliger le malade à revenir chez le pharmacien, en privant ce dernier de son droit d'en changer si bon lui semble.

Comme on le voit, dit M. Bogelot, les opinions sont très tranchées, et pour mon compte personnel, ajoute-t-il, je n'hésite pas à dire que le pharmacien n'a pas la propriété de l'ordonnance, et qu'il doit la rendre, si le client l'exige.

Malgré les excellentes raisons qu'il a données à l'appui de son opinion, nous serions d'un avis différent de celui de M. Bogelot, et nous pensons qu'il faut assimiler l'ordonnance en pharmacie à une sorte de minute qui devrait toujours rester dans les archives de l'officine ; le pharmacien doit rester libre de rendre ou de ne pas rendre l'original de la prescription, sauf à en délivrer, s'il en est requis, une copie certifiée conforme.

Nous proposerions en conséquence de rédiger l'article 15, § 2 et 3, du Sénat de la façon suivante : « Les pharmaciens sont libres de conserver ou de rendre les ordonnances médicales, mais ils doivent, s'ils en sont requis, en délivrer une copie certifiée conforme. Cette copie portera la signature du pharmacien, le timbre de la pharmacie, et le numéro d'ordre sous lequel elle a été inscrite sur le registre-copie

d'ordonnances. Si le pharmacien rend l'original de la formule, il devra avant de le rendre, y apposer le timbre de la
pharmacie. »

L'article 15 du Sénat et l'article 13 de la Chambre portent ce qui suit : « En outre, il sera dressé, dans le Codex,
une liste de médicaments dont la délivrance ne pourra être
faite que sur ordonnance nouvelle. »

Cet article a pour but de régler une question délicate qui avait
été soulevée à la Société de médecine légale à propos d'accidents
graves et fréquents qui s'étaient produits à la suite de la délivrance
de médicaments dans la composition desquels il entrait des substances vénéneuses. Nous n'insisterons pas sur cette question que
nous avons longuement traitée (1) et que nous avions formulée de
la manière suivante : Les pharmaciens peuvent-ils exécuter plusieurs fois une même prescription médicale dans la composition
de laquelle il entrerait des substances vénéneuses? Seront-ils en
règle si, en se couvrant derrière une prescription périmée, ils délivrent un remède qui, à la date où il était ordonné et où il a été
délivré une première fois, devait apporter le soulagement et le
salut, mais qui, à la date où il est redemandé, peut, le malade
n'étant plus dans les mêmes conditions physiques, amener des désordres graves et peut-être la mort ?

Le Sénat a inséré, dans son projet de loi, un article 14,
ainsi conçu :

Toutes substances, telles que virus atténués, sérums thérapeutiques,
toxines modifiées et produits analogues, pouvant servir à la prophylaxie
et à la thérapeutique des maladies contagieuses, ne pourront être débitées
à titre gratuit ou onéreux qu'après autorisation du gouvernement rendue
sur l'avis du Comité consultatif d'hygiène publique et de l'Académie de
médecine.
Ces produits ne bénéficieront que d'une autorisation temporaire; ils
seront soumis à une inspection exercée par une commission nommée par
le ministre compétent. Les produits seront délivrés au public par les
pharmaciens. Chaque bouteille ou récipient portera la marque du lieu
d'origine et la date de la fabrication. Ces prescriptions ne s'appliquent
pas au vaccin jennérien humain ou animal.

Cet article devait être soumis à l'examen de la nouvelle
commission de la Chambre des députés relative au projet de
loi sur l'exercice de la pharmacie et être présenté aux déli-

____

(1) Dupuy, *Cours de pharmacie*, t. I, p. 157.

bérations de la Chambre, en même temps que la loi générale revenue du Sénat. Mais le gouvernement a pensé qu'il y avait lieu de détacher cet article, et d'en faire l'objet d'un projet spécial.

La Chambre des députés et le Sénat ont adopté, dans les derniers jours de la session qui vient de se terminer, la loi suivante qui a été promulguée le 25 avril 1895 :

Loi concernant la préparation et la vente des sérums thérapeutiques et autres liquides organiques injectables.

Art. 1er. — Les virus atténués, sérums thérapeutiques, toxines modifiées et produits analogues pouvant servir à la prophylaxie et à la thérapeutique des maladies contagieuses et les substances injectables d'origine organique non définies chimiquement, appliquées au traitement des affections aiguës ou chroniques, ne pourront être débités à titre gratuit ou onéreux, qu'autant qu'ils auront été, au point de vue soit de la fabrication, soit de la provenance, l'objet d'une autorisation du gouvernement, rendue après avis du *Comité consultatif d'hygiène de France* et de l'*Académie de médecine*.

Ces produits ne bénéficieront que d'une autorisation temporaire et révocable.

Ils seront soumis à une inspection exercée par une commission nommée par le ministre compétent.

Art. 2. — Ces produits seront délivrés au public par les pharmaciens, sur ordonnance médicale. Chaque bouteille ou récipient portera la marque du lieu d'origine et la date de sa fabrication.

En cas d'urgence les médecins sont autorisés à fournir à leur clientèle ces mêmes produits.

Lorsqu'ils seront destinés à être délivrés à titre gratuit aux indigents, les flacons contenant ces produits porteront dans la pâte du verre les mots : « Assistance publique. Gratuit. »

Ils pourront alors être déposés en dehors des officines de pharmacies et sous la surveillance d'un médecin, dans des établissements d'assistance désignés par l'administration qui auront la faculté de se procurer directement ces produits.

Toutes ces prescriptions ne s'appliquent pas au vaccin jennérien humain ou animal.

Art. 3. — La distribution des substances mentionnées à l'article 1er, à quelque titre qu'elle soit faite, sera assimilée à la vente et soumise aux dispositions de l'article 423 du Code pénal et de la loi du 17 mars 1871.

En conséquence seront punis des peines portées par l'article 423 du Code pénal et par la loi du 17 mars 1871 ceux qui auraient trompé sur la nature desdites substances, qu'ils sauraient être falsifiées ou corrompues, et ceux qui auraient trompé ou tenté de tromper sur la qualité des choses livrées.

Art. 4. — Toutes les autres infractions aux dispositions de la présente loi seront punies d'une amende de 16 à 1.000 francs.

L'article 16 du projet du Sénat correspond à l'article 15

du projet de la Chambre, mais ces deux articles diffèrent profondément l'un de l'autre, ainsi qu'on pourra le voir en consultant leurs textes respectifs :

<table>
<tr><td>

Art. 15. — Chambre des députés.

Peuvent être librement vendus par des personnes non pourvus du diplôme de pharmacien, certains médicaments simples, d'un usage courant, ainsi que les plantes médicinales fraîches ou sèches dont la liste sera insérée au Codex.

</td><td>

Art. 16. — Sénat.

Toute personne pourvue du certificat d'herboriste pourra vendre librement les plantes médicinales fraîches ou sèches qui seront désignées par le Codex. Il n'existera plus à l'avenir qu'un seul certificat d'herboriste.

</td></tr>
</table>

Comme on le voit, l'article 15 de la Chambre des députés précise les cas où la vente de quelques substances est entièrement libre et conclut à la suppression du certificat d'herboriste ; l'article 16 du Sénat, au contraire, maintient le certificat d'herboriste, dit qu'à l'avenir il n'y aura plus qu'un seul ordre d'herboriste, et permet seulement à ceux qui sont pourvus de ce certificat de vendre librement les plantes médicinales, fraîches ou sèches, désignées par le Codex.

Nous pensons que l'article 16 du Sénat doit être remplacé par l'article 15 adopté par la Chambre des députés. En effet, les herboristes, dont le nombre est du reste peu considérable, et qui n'existent presque pas en province, ont toujours paru une véritable superfétation, qui présente de nombreux inconvénients ; d'abord, elle enlève au pharmacien une branche utile de son commerce, pour s'en occuper avec beaucoup moins de garanties pour la société ; de plus, les herboristes, hommes ou femmes, admis sur un examen qui prouve à peine la connaissance matérielle des plantes usuelles, sont conduits, par la connexité, à tenir frauduleusement et à vendre beaucoup de médicaments qui ne sont pas de leur ressort.

Aussi, depuis longtemps, tous les projets de loi ont demandé qu'à l'avenir, il ne soit plus délivré de certificat d'herboriste. Les herboristeries existantes devraient donc être supprimées par extinction, et la plus-value des établissements existant jusqu'à la mort des titulaires servirait de compensation à la perte du fonds.

La Chambre des députés par son article 16, et le Sénat en première lecture avaient adopté des dispositions ayant pour but de régler l'inspection des pharmacies. Elles sont ainsi conçues :

ART. 16. — CHAMBRE DES DÉPUTÉS.	ART. 17. — ADOPTÉ PAR LE SÉNAT EN PREMIÈRE LECTURE.
Il est créé un corps d'inspecteurs de la pharmacie.	Il est créé un corps d'inspecteurs de la pharmacie. Les inspecteurs seront nommés par le ministre compétent, sur la présentation du Comité consultatif d'hygiène publique de France. Ils seront choisis parmi les professeurs d'enseignement supérieur pharmaceutique et parmi les pharmaciens ayant exercé la pharmacie civile ou hospitalière.
Les inspecteurs seront nommés par le ministre compétent, sur la présentation du Comité consultatif d'hygiène de France. Ils seront choisis parmi les pharmaciens ayant exercé la pharmacie civile ou hospitalière.	Les inspecteurs seront assermentés.
Il y aura au moins un inspecteur par département.	Un règlement d'administration publique déterminera le mode d'organisation de l'inspection chez toutes les personnes autorisées à tenir des médicaments et plantes médicinales par les articles 11, 12, 13. Les dépenses du service de l'inspection nécessaires pour l'application de la loi, sont à la charge des personnes soumises à cette inspection. Le montant en est recouvré comme en matière de contributions directes.
Les inspecteurs seront assermentés et devront résider dans le département dont l'inspection leur sera confiée.	
Un règlement d'administration publique détermine le mode et les conditions d'exercice de l'inspection.	

Ces articles qui réglaient, à la satisfaction du corps pharmaceutique, l'importante question de l'inspection des pharmacies, ont été purement et simplement supprimés en seconde lecture par le Sénat, à la demande de M. Gadaud, malgré l'intervention énergique de M. le professeur Cornil et malgré les efforts éloquents de M. le professeur Brouardel.

Si ces articles ne sont pas rétablis par la Chambre des députés et par le Sénat dans une nouvelle discussion, l'inspection actuelle des pharmacies, contre laquelle tout le monde proteste avec raison, fonctionnera dans l'avenir dans les conditions défectueuses actuelles, conditions qui n'ont peut-être pas été suffisamment mises en lumière et que les pouvoirs publics, mal informés, ne connaissent pas d'une manière précise.

Dans des publications antérieures (1) nous avions démontré l'insuffisance et les défauts des inspections actuelles et nous avions demandé une organisation analogue à celle établie par les articles 16-17 ; nous ne pouvons donc qu'approuver le texte de ces articles.

Cependant, il est un point sur lequel nous appelons l'attention bienveillante du législateur et qui paraît lui avoir échappé : *c'est de déclarer que les pharmaciens ne pourront être inspectés que par les inspecteurs des pharmacies, et d'abroger toutes les lois, ordonnances et décrets contraires à cette déclaration.*

Lorsqu'on examine avec attention les lois qui régissent la pharmacie et les lois de police relatives à la salubrité publique, on voit que les pharmaciens sont actuellement soumis à trois sortes de visites :

1° En tant qu'exerçant une profession savante et dangereuse, ils sont soumis, par la loi du 21 germinal an XI, par l'arrêté du 25 thermidor an XI, par le décret du 23 mars 1859, à des visites au moins annuelles, faites avec l'assistance d'un commissaire de police, par les professeurs des écoles de pharmacie ou par les inspecteurs des pharmacies.

2° En tant que vendant des substances vénéneuses, ils sont assujetis par des lois spéciales sur la matière (Loi du 19 juillet 1845. — Ordonnance du 29 octobre 1846, article 14. — Décret du 8 juillet 1850, article 2. — Décret du 28 septembre 1882) à l'inspection des maires et des commissaires de police, assistés, s'il y a lieu, des gens de l'art.

3° En tant que commerçants vendant des drogues, ils sont encore soumis à une troisième visite qui peut être ordonnée par le préfet de police, les maires et les officiers de police

____

(1) Dupuy, *Étude historique et légale sur les inspections de pharmacie.* — *Cours de pharmacie,* t. I, p. 106. — *Manuel de l'inspecteur des pharmacies.*

judiciaire, en vertu des lois de police générale du 16-24 août 1790, du 19-22 juillet 1791, en vertu de la loi du 28 pluviôse an VIII, de l'arrêté du gouvernement du 12 messidor an VIII, en vertu de la loi du 18 juillet 1837, en vertu de la loi du 27 mars 1851. — Conformément aux dispositions contenues dans ces lois de police générale, l'administration peut faire procéder à la vérification de la qualité des médicaments contenus dans les pharmacies, en dehors des inspections ordinaires, soit par ses agents, soit par des membres des conseils d'hygiène délégués à cet effet.

Nous avons démontré la légalité de ces différentes visites (1), mais nous nous hâtons de déclarer à nouveau, comme nous l'avons déjà fait, que ces visites, quoique légales, sont profondément vexatoires, et qu'il est inutile, surtout avec une inspection organisée comme le proposent les articles 16-17 de la Chambre des députés et du Sénat, de soumettre les pharmaciens à une pareille surveillance. Nous proposerions en conséquence d'ajouter à l'article 16 un paragraphe ainsi conçu : « Les inspecteurs des pharmacies auront seuls le droit de procéder à l'inspection des officines. En conséquence sont abrogés, *en ce qui concerne les pharmaciens*, l'article 14 de l'ordonnance du 29 octobre 1846, l'article 2 du décret du 8 juillet 1850, les lois de police générale du 16-24 août 1790, du 19-22 juillet 1791, la loi du 28 pluviôse an VIII, l'arrêté du gouvernement du 12 messidor an VIII, la loi du 18 juillet 1837, la loi du 27 mars 1851. »

ART. 17. — CHAMBRE DES DÉPUTÉS.	ART. 17. — SÉNAT.
Les associations commerciales et industrielles, les sociétés de secours mutuels, les unions de sociétés de secours mutuels, les communautés, les établissements de bienfaisance et ceux reconnus d'utilité publique, possédant un personnel nombreux, peuvent avoir une pharmacie, pour leur usage particulier seulement, et sous la condition expresse de la	Les hôpitaux, hospices, bureaux d'assistance et tous autres établissements publics ou d'utilité publique ayant pour objet la distribution de secours aux malades, les sociétés de secours mutuels, les communautés, les établissements commerciaux et industriels, peuvent être propriétaires d'une pharmacie, à la condition de la faire gérer par un phar-

(1) Dupuy, *Cours de pharmacie*, t. I, p. 111.

faire gérer par un pharmacien qui en aura la direction effective et exclusive.

Ne peuvent lesdits établissements, associations et communautés, vendre ni même distribuer gratuitement, en dehors de leur personnel, les médicaments autres que ceux dont la vente est libre en vertu de l'article 15.

Les pharmaciens des hôpitaux et hospices qui vendent des médicaments doivent être pourvus d'un pharmacien régulièrement diplômé et nommé par la commission administrative.

Il n'est rien innové en ce qui touche le droit pour ces pharmacies de vendre des médicaments à l'extérieur. Les médicaments préparés par les pharmaciens des hôpitaux ou hospices pourront être distribués gratuitement dans les bureaux de bienfaisance, dispensaires et maisons de secours aux malades indigents, sous la surveillance et la responsabilité de ces pharmaciens.

La nomination des personnes chargées de ces distributions aura lieu par les préfets, sur la présentation des pharmaciens, dans les conditions de l'article 6 de la présente loi, sauf le renouvellement de la nomination dans le délai de trois mois.

Tout pharmacien sera tenu de fournir pour le compte de l'Assistance publique, hospices, bureaux de bienfaisance, communes ou départements, les médicaments destinés aux indigents.

Les conditions et les prix de ces fournitures seront arrêtés pour chaque département par un règlement d'administration publique.

macien au profit exclusif du personnel qu'ils secourent et qu'ils emploient.

Toutefois, dans les cas d'urgence, ils peuvent délivrer des médicaments à un blessé ou à un malade étranger à l'établissement, mais seulement à titre gratuit.

En outre, les établissements publics ou d'utilité publique d'assistance peuvent distribuer gratuitement des médicaments aux malades pauvres, sous la surveillance et la responsabilité du pharmacien qui devra être attaché à chacun des établissements où aura lieu cette distribution.

Tout pharmacien sera tenu de fournir aux établissements d'assistance ayant le caractère d'établissements publics et à ceux fondés par l'État, les départements ou les communes, les remèdes destinés aux indigents, dans les conditions et aux prix qui seront arrêtés, pour chaque département, par un règlement d'administration publique.

Les hôpitaux et hospices qui vendent actuellement des remèdes au dehors pourront continuer cette vente, pendant un délai de dix ans, à dater de la promulgation de la présente loi, à condition de faire gérer leur pharmacie par un pharmacien diplômé

Si l'on compare ces deux articles, on voit qu'ils indiquent :

1° Les droits accordés à certains établissements d'être propriétaires d'une pharmacie et de la faire gérer dans certaines conditions (article 17 de la Chambre des députés, § 1, 2, 3, 4, 5, 6, et article 17 du Sénat § 1, 2, 3, 5).

2° L'obligation pour les pharmaciens de fournir des médicaments, à des conditions et à des prix établis par un règlement d'administration publique, à certains établissements d'assistance publique (article 17 de la Chambre des députés, § 7, et article 17 du Sénat, § 4).

Si l'on examine comparativement le texte de ces articles, on voit qu'il y a entre eux des différences profondes qui peuvent être ainsi résumées :

1° La Chambre des députés, acceptant l'amendement de M. Jules Roche, consacre pour les hôpitaux le droit de vendre des médicaments au public ; le Sénat, au contraire, propose de permettre aux hôpitaux et hospices, qui vendent actuellement des remèdes au dehors, de continuer cette vente, mais seulement pendant un délai de dix ans, à dater de la promulgation de la loi, et à la condition de faire gérer leur pharmacie par un pharmacien diplômé.

2° Le projet de la Chambre des députés accorde aux communes le droit d'avoir des dispensaires, bureaux de secours, etc., dans lesquels les médicaments destinés aux indigents pourraient être distribués par des personnes non munies du diplôme de pharmacien et autorisées, sur la présentation du pharmacien des hôpitaux, par le préfet du département, à faire cette distribution. Le Sénat a décidé au contraire que la distribution des médicaments faite aux indigents devrait être opérée sous la surveillance et sous la responsabilité du pharmacien qui devra être attaché à chacun de ces établissements.

3° Le projet de la Chambre ne permet pas aux établissements désignés de vendre ou distribuer, même gratuitement, en dehors de leur personnel, les médicaments autres que ceux dont la vente est libre en vertu de l'article 15. Le Sénat a décidé, au contraire, qu'en cas d'urgence, ces établissements peuvent délivrer des médicaments à un blessé ou à un malade étranger à l'établissement, mais seulement à titre gratuit.

L'article 17 proposé par le Sénat, nous paraît devoir être préféré à l'article 17 adopté par la Chambre des députés ; il soulève cependant un certain nombre d'objections qui avaient

déjà attiré l'attention du législateur, ainsi que cela résulte
de l'exposé des motifs présenté par la commission sénatoriale, ainsi conçu :

« La Chambre avait adopté un amendement proposé, au cours de la
seconde lecture, par M. Jules Roche, qui reconnaissait aux pharmaciens
des hospices et hôpitaux le droit de vendre des médicaments à l'extérieur
de ces établissements, c'est-à-dire au public. Cette disposition, combattue
au nom de la commission de la Chambre par son rapporteur, M. César
Duval, n'avait passé qu'à quelques voix de majorité. Les membres de
notre commission étaient partisans, à la grande majorité, de la suppression de cette autorisation. Ils considéraient que l'amendement de
M. Jules Roche portait un coup funeste à la pharmacie dans toutes les
localités où existent des hôpitaux et hospices, car si le nombre de ceux
qui vendent aujourd'hui des médicaments est limité et peu important, il
se fût accru progressivement et très vite sous le bénéfice de l'article 17.
Cela aurait constitué pour ces établissements la licence de battre monnaie
aux dépens d'une seule catégorie de patentés, les pharmaciens, et si le
but des administrations hospitalières, celui de procurer des ressources
aux misérables, est parfait, ce n'est pas une raison pour mettre à contri-
bution une seule classe de commerçants, les pharmaciens. Les diplômes,
les privilèges accordés à des hommes qui ont fait au moins six ans
d'études, qui paient des patentes onéreuses, qui ont de gros loyers, qui
doivent être protégés par l'État, ne servaient plus à rien et c'était revenir
à la liberté professionnelle de la pharmacie. Aussi avons-nous subi un
véritable déluge de pétitions émanées de tous les groupes d'associations
et de syndicats de pharmaciens de France. Par contre, les administrations hospitalières, qui vendent des médicaments, soutenaient leurs droits
et faisaient remarquer que leurs pharmacies rendaient des services au
public en délivrant de bons remèdes à des prix inférieurs aux prix cou-
rants des pharmaciens.

« M. Brouardel, commissaire du gouvernement, nous a communiqué la
statistique des hospices et hôpitaux vendeurs de médicaments. Il y a peu
de ces hôpitaux vendeurs, environ quatre-vingt-dix dans toute la France ;
ils sont surtout localisés dans la région du Lyonnais, à Lyon, Saint-
Étienne, Chambéry, dans l'Ardèche, Vaucluse, etc. Les seuls hôpitaux
importants sont ceux de Lyon et de Saint-Étienne. Le bénéfice annuel
que retirent tous les hôpitaux vendeurs de médicaments, ne dépasse pas
300,000 francs, dont le tiers est pris par les seuls hôpitaux lyonnais. Les
petits hôpitaux de cette catégorie n'ont presque jamais de pharmaciens.
Ainsi, dans dix-huit départements où il existe des hôpitaux vendeurs,
aucun d'eux ne possède de pharmacien attaché à l'officine hospitalière.
Dans le département de Vaucluse, sur les vingt hôpitaux vendeurs, deux
seulement entretiennent un pharmacien. L'officine est tenue et la vente
est faite par des sœurs ou des femmes de service sans instruction spéciale, souvent au seul profit de la communauté.

« Les procès intentés à ces pharmacies hospitalières par l'Association
générale des pharmaciens de France, en raison de la concurrence illégi-
time qu'elles faisaient aux pharmaciens diplômés de la même localité,
ont abouti à des résultats variables, et parfois contradictoires.

» Aussi la commission, en face de cette question délicate, embrouillée
par des jugements interprétatifs de la législation de l'an XI, placée entre

les plaintes légitimes de toute une profession, dont les membres diplômés ont droit à la protection de l'État, et celles des administrations hospitalières, s'est décidée à demander un avis au conseil d'État. »

Le texte du conseil d'État est sensiblement le même que celui de la commission.

La décision, prise par le Sénat, est évidemment moins préjudiciable aux pharmaciens que celle adoptée par la Chambre des députés ; nous pensons cependant que le § 5 de l'article 17 n'aurait pas dû figurer dans le projet de loi.

Il est certain, en effet, que la loi exigeant des pharmaciens de longues années d'étude, leur imposant des droits de réception, un fort droit de patente, les soumettant à des réglements sévères, leur doit, de son côté, et par un juste retour, une protection toute particulière. Par son article 8, elle défend à un pharmacien de s'associer avec une personne étrangère à la profession pour l'exploitation d'une officine, et par une étrange contradiction elle lui permet d'exploiter une officine dont il n'est que le gérant, puisque cette officine appartient à un hôpital.

Les administrations hospitalières ont invoqué, pour défendre leurs prétentions, deux motifs : l'ancienneté de leurs droits ; les services qu'elles rendent au public en lui délivrant des remèdes à un prix inférieur à celui des pharmaciens.

Nous savons que la jurisprudence des tribunaux a décidé qu'un hôpital possédant une pharmacie administrée par un pharmacien peut faire vendre au dehors des médicaments pour son compte, avec l'autorisation de l'administration (voir en ce sens Dalloz : Jugements des cours de Paris, 22 mars 1834 ; Lyon, 23 juin 1847 ; — Cassation, 17 avril 1848 ; Riom, 22 février 1862 ; Cassation, 31 mai 1862). Mais on a fait valoir contre cette jurisprudence de nombreux et sérieux arguments. Il est permis, dit-on, aux hôpitaux par l'article 8 de la déclaration du roi de 1777, d'avoir une pharmacie, et la loi de germinal ne contenant pas de disposition contraire, cette faculté leur est conservée ; mais, tout en leur concédant le bienfait d'une pharmacie particulière, incessamment ouverte à leurs besoins, la législation a entendu que ces pharmacies ne devraient jamais être des établissements de commerce privilégiés, qui feraient aux autres pharmacies légalement ouvertes une concurrence, d'autant plus injuste et plus funeste, qu'elles n'ont pas à supporter comme celles-ci les charges de loyer et de patente : de là l'interdiction contenue dans le même arrêté. Cette interdiction formelle, inspirée par des motifs qui subsistent aujourd'hui dans toute leur force, n'a été abrogée ni expressément, ni tacitement. D'une part, en effet, la loi de germinal, en statuant sur la police de la pharmacie, loin de détruire toutes les lois préexistantes, renvoie formellement aux lois antérieures pour les objets qu'elle ne règle pas (Art. 29 et 30) ; elle n'abroge que les lois contraires à ses dispositions; or rien de tel ici. D'entre part, la loi du 2 mars 1791, que l'on invoque aussi, n'a fait qu'abolir les jurandes et les maîtrises, et le décret du 14 avril 1791 dit formellement que toutes les lois, tous les statuts et règlements relatifs à la pharmacie continueront d'être exécutés. A ces motifs vient s'en ajouter un autre pour ceux qui pensent, en s'appuyant sur la jurisprudence constante des tribunaux, qu'une pharmacie ne peut être tenue par un gérant et qu'il y a exercice illégal toutes les fois que le pharmacien n'est pas propriétaire de la pharmacie elle-même. Le pharmacien, placé dans un hospice, n'est que gérant et non propriétaire; il peut sans doute préparer les médicaments nécessaires à l'hôpital, puisque la loi le lui permet, mais il ne peut pas vendre au public les médicaments d'une officine qui ne lui appartient pas. Dans tous les cas, et même si l'on admet que les hôpitaux ont le droit de vendre au dehors des médicaments, il ne faut pas oublier que l'autorité supérieure, sous la surveillance de laquelle ils sont placés, conserve toujours le pouvoir de leur interdire le commerce, lorsqu'elle le juge à propos. C'est ce que rappelle une instruction ministérielle du 31 janvier 1840 : « *Les pharmacies des hospices ne doivent être affectées qu'au service de l'hôpital ; créées pour les besoins des malades, elles ne doivent pas faire concurrence à l'indus-*

trie particulière. » C'est aussi ce que dit une lettre de M. le Ministre de l'agriculture et du commerce adressée au préfet de la Nièvre en 1880, dans laquelle il est rappelé que les *hospices, même pourvus d'un pharmacien, ne peuvent pas vendre de médicaments au dehors ; ce pharmacien, non propriétaire de l'officine, n'est qu'un prête-nom, toléré pour le service intérieur de l'établissement.*

Comme on le voit, l'ancienneté du droit invoqué par les administrations hospitalières a été très vivement contesté ; en tout cas, l'administration supérieure ne l'a jamais formellement reconnu ; le législateur peut donc le suspendre s'il reconnaît, comme il l'a fait dans l'exposé des motifs, que ce droit est préjudiciable à une classe de citoyens.

Le second motif invoqué par les administrations hospitalières nous semble puéril : il est bien difficile en effet aux pharmaciens de soutenir la concurrence contre des établissements publics qui n'ont ni frais de loyer, ni patente, dans lequel le service presque gratuit des sœurs remplace le service coûteux des élèves ; qui peuvent se procurer les médicaments simples à bas prix par voie de soumission, qui obtiennent l'exemption des droits sur les vins, les alcools qu'ils emploient, tandis que ces droits sont supportés par les pharmaciens de la ville.

La commission du Sénat a parfaitement compris la faiblesse des arguments invoqués, et ce n'est qu'à regret, qu'elle a consenti à donner à ces établissements une autorisation de vendre des médicaments au dehors. Elle a donné, il est vrai, une autorisation temporaire, mais, à notre avis, cette autorisation temporaire est encore très regrettable.

A ce sujet, qu'il nous soit permis de rappeler que dans la législation pharmaceutique qui régissait les États Romains, on lit ce qui suit : « Il est également interdit aux corporations religieuses et aux hôpitaux, ayant une pharmacie pour leur propre usage, de vendre des médicaments au dehors, à moins d'une autorisation antérieure. » Faut-il s'étonner, en présence de cette défense, que les pharmaciens français insistent auprès des pouvoirs publics pour qu'ils interdisent ces ventes et qu'ils ne se montrent pas plus favorables aux empiétements des communautés religieuses que le gouvernement pontifical lui-même?

Le paragraphe 4 de l'article 17 du Sénat impose aux pharmaciens l'obligation de fournir des médicaments, à des conditions et à des prix établis par un règlement d'administration publique, à certains établissements d'assistance publique. Cet article, qui a pour but de favoriser le fonctionnement de la loi du 15 juillet 1893 sur l'assistance médicale gratuite, a été accepté sans aucune protestation par le corps pharmaceutique, dont tous les membres savent que pour exercer leur profession avec honneur et dignité, il faut allier à la passion de la science l'amour pieux et sacré de l'humanité.

Art. 18. — Chambre des députés.	Art. 18. — Sénat.
Il est publié, tous les dix ans au moins, une édition de la Pharmacopée légale ou Codex.	Il est publié, tous les dix ans au moins, une édition de la Pharmacopiée légale ou Codex, et au moins tous les deux ans, un fascicule complémentaire.
Le Codex est rédigé en langue française.	Le Codex est rédigé en langue française.
Il renferme :	Il devra indiquer les noms scientifiques de tous les médicaments et toutes les autres désignations appartenant ou non au domaine public.
1º Pour les médicaments usuels, les formules et les modes de préparation qui doivent être rigoureusement suivis par les pharmaciens, afin d'assurer l'uniformité des produits dans toutes les officines;	Sur la demande de la commission du Codex, l'Académie de médecine aura toujours le droit de créer une dénomination constituant une désignation nécessaire ne pouvant faire l'objet d'aucun droit privatif.
2º La liste des substances toxiques mentionnées à l'article 13 et la nomenclature de celles dont la délivrance ne pourra être répétée que sur ordonnance nouvelle.	En aucun cas, les énonciations du Codex ne peuvent être opposées aux revendications des ayants droit.
3º La liste des plantes, drogues simples et préparations désignées à l'article 15 et dont la vente est entièrement libre.	Le Codex renferme :
	1º La liste de tous les médicaments avec leurs formules et leurs modes de préparation, lesquels doivent être rigoureusement suivis par les pharmaciens, afin d'assurer l'uniformité des produits dans toutes les officines;
	2º La liste des substances simples

toxiques et des médicaments composés, mentionnés au nos 1 et 2 du premier alinéa de l'article 13;

3° La liste des médicaments prévus au n° 3 du même alinéa;

4° La nomenclature des médicaments dont la délivrance ne pourra être répétée que sur une ordonnance nouvelle;

5° La liste des plantes désignée à l'article 16.

Une commission permanente, instituée près les Ministres compétents, est chargée de la rédaction du Codex et de la publication des fascicules complémentaires.

Une commission permanente, instituée près les Ministres compétents, est chargée de la rédaction du Codex et, lorsqu'il y a lieu, de la publication des fascicules complémentaires.

Cette commission sera composée en nombre égal de professeurs des facultés de médecine, de professeurs des écoles supérieures de pharmacie et de pharmaciens tenant une officine. Deux vétérinaires en feront partie.

Conforme.

Tout pharmacien doit être pourvu de la plus récente édition du Codex et de ses compléments.

Conforme.

Jusqu'à ce qu'une nouvelle édition du Codex soit publiée conformément aux dispositions de la présente loi, les listes ci-dessus devront être annexées, à titre de supplément, à l'édition actuelle, qui pourra être vendue sans être accompagnée de ce supplément.

Ces deux articles sont relatifs aux conditions dans lesquelles doit être rédigée et publiée la Pharmacopée légale ou Codex. Comme on le voit, ils sont à peu près identiques.

Il y a cependant quelques différences à signaler : l'article 18 de la Chambre des députés porte que le Codex sera rédigé en langue française. L'article 18 du Sénat ajoute que le Codex devra indiquer en outre des noms commerciaux, les synonymes et les noms scientifiques des substances. C'est là une très sage mesure qui sera approuvée par tout le corps pharmaceutique.

Nous nous permettrons d'attirer l'attention du législateur sur les alinéas 4 et 5 de l'article 18, ainsi conçus :

Sur la demande de la commission du Codex, l'Académie de médecine aura toujours le droit de créer une dénomination constituant une désignation nécessa're ne pouvant faire l'objet d'aucun droit privatif.

En aucun cas, les énonciations du Codex ne pourront être opposées aux revendications des ayants droit.

La rédaction de ces alinéas est très obscure et on se demande véritablement ce que le Sénat a voulu dire. Ces deux alinéas ayant été adoptés sans discussion, il n'est pas possible de s'éclairer sur le sens précis de cette partie de l'article 18. Il faut, pour le comprendre, lire la remarquable étude de M. le professeur Jungfleisch, portant le titre : *la Pharmacie et les marques de fabrique* (1) ou l'annexe au procès-verbal de la séance du 12 novembre 1894 (Sénat, session extraordinaire de 1894, n° 11) ; mais tous les lecteurs et tous les commentateurs se donneront-ils la peine de consulter ces documents? Les nouveaux projets de loi devraient, à notre avis, rédiger d'une manière plus précise ce qui a rapport à cette intéressante question des *dénominations-marques* qui présente un si grand intérêt pour le corps pharmaceutique.

La nomenclature des listes qui doivent être insérées au Codex est un peu différente dans les deux articles ; c'est une conséquence des différences que nous avons signalées à propos des articles 12 et 13 de la Chambre des députés et des articles 14 et 15 du Sénat.

Nous signalerons enfin une faute d'impression qui s'est glissée dans le texte de la proposition de loi adoptée par la Chambre des députés sur l'exercice de la pharmacie, transmise le 3 juillet 1893 par M. le président de la Chambre à M. le président du Senat (Sénat, session 1893, annexe au procès-verbal de la séance du 3 juillet 1893).

Voici, en effet, ce qu'on lit article 18 *in fine* : « Jusqu'à ce qu'une nouvelle édition du Codex soit publiée conformément aux dispositions de la présente loi, les listes ci-dessus devront être annexées, à titre de supplément, à l'édition actuelle, *qui pourra être vendue sans être accompagnée de ce supplément.* » On a évidemment oublié le mot *ne* et on a voulu dire, comme

(1) *Journal de pharmacie et de chimie* (5), t. I, t. XXX, p. 405.

lè projet du Sénat le porte du reste, *ne pourra être vendue sans être accompagnée de ce supplément.*

Rédigé tel que le proposent les articles 18 de la Chambre des députés et du Sénat, le Codex renfermera deux lacunes importantes sur lesquelles nous appelons l'attention du législateur.

La première est relative à l'essai des médicaments. Dans un livre déjà ancien que nous avons publié en 1880 (1), nous disions ce qui suit : « Il existe, dans le Codex, une lacune très grave qui a été souvent signalée par les auteurs et que nous avons également déplorée : c'est de n'y pas trouver, à la suite de chaque produit ou composition pharmaceutique, la description des caractères organoleptiques, physiques et chimiques qu'il doit présenter pour réaliser un médicament légal. Et pour les médicaments chimiques, ne devrait-on pas aussi trouver, à la suite de chaque produit, dans un livre qui a un caractère officiel comme le Cod‹ ‹, un mode d'essai précis, qui démontre d'une manière certaine qu'il ne contient aucune substance étrangère et surtout toxique ? On ne peut pas exiger que les médicaments soient chimiquement purs comme les réactifs. Ce degré de pureté serait inutile dans la plupart des cas ; néanmoins, il ne faut pas que les impuretés dépassent une certaine limite ; passé ce terme, les médicaments doivent être rejetés comme défectueux et considérés comme pouvant être nuisibles. »

Dans une étude très remarquable sur la nouvelle Pharmacopée suisse, M. A. Champigny, membre de la Société de pharmacie de Paris, s'exprime ainsi :

A la fin du siècle dernier, la thérapeutique était encore fille de l'empirisme. Les médicaments chimiques étaient peu nombreux : ils se recrutaient presque exclusivement parmi les antimoniaux, les ferrugineux et les mercuriaux. Plus tard, l'apparition des alcaloïdes naturels vint modifier cet état de choses ; elle ouvrit à l'art de guérir des horizons nouveaux. Peu à peu, les médecins négligèrent l'emploi des simples et des drogues qui en sont tirées ; ils s'habituèrent de plus en plus à puiser dans l'arsenal des médicaments chimiques pour guérir ou soulager leurs malades. Ce mouvement, nous l'avons vu, depuis un demi-siècle, grandir et s'ac-

(1) Dupuy et Ricard, *Manuel de l'inspecteur des pharmacies*, p. 16.

centuer sans cesse. Dans ces dix ou quinze dernières années, l'éclosion des produits de synthèse est venue marquer une nouvelle étape dans la voie du progrès que nous signalons. Les observations médicales ont aujourd'hui toute la rigueur d'un problème à résoudre ou d'un théorème à démontrer. La thérapeutique était un art ; elle est devenue une science.

Cette révolution, ou plutôt cette évolution dans l'art de guérir, devait avoir et a eu son contre-coup dans la préparation des médicaments.

Un alambic, un mortier en marbre et en fer, une étuve, quelques bassines et quelques tamis suffisent à la préparation des médicaments galéniques. Avec quelques vases à précipité, quelques terrines, entonnoirs et creusets, on peut encore faire le kermès, le sous-nitrate de bismuth, les iodures de mercure et quelques sels obtenus par précipitation. Mais il est impossible à beaucoup de pharmaciens, avec le matériel et le local dont ils disposent, de préparer la plus grande partie des drogues chimiques qui leur sont le plus souvent demandées. C'est pour répondre à ces exigences de la thérapeutique moderne que se sont créés partout de grands établissements industriels, qui fabriquent tous ces produits et les livrent, dans des conditions très satisfaisantes, à qui ne se laisse pas séduire par un bon marché excessif.

Cette situation nouvelle entraîne, pour le pharmacien, le devoir étroit, et maintenant plus que jamais, de contrôler la sincérité et la pureté de tout ce qu'il demande à l'industrie. Or, il ne peut le faire qu'à la condition de trouver, dans le formulaire légal de son pays, la description d'essais analytiques simples et pratiques. Donc, choisir et rédiger avec soin ces modes d'essais, nous semble être l'obligation à laquelle doivent satisfaire les commissions chargées d'élaborer les nouvelles pharmacopées officielles, sous peine de manquer à une des parties les plus importantes de leur mandat.

Nous n'ajouterons rien à cet éloquent plaidoyer qui démontre, de la manière la plus précise, l'importance de la mesure que nous avons signalée.

La deuxième lacune que nous désirerions voir combler *ce serait l'indication de la posologie des médicaments.* On a élevé, nous ne l'ignorons pas, de nombreuses objections sur ce point ; on a dit notamment : Malgré tous les efforts que l'on a faits pour fixer les doses maxima et minima des médicaments selon l'âge et la résistance des sujets, malgré les tables posologiques de Gaubius, de Cottereau, de Jung, de Hufeland, il n'y a aucune règle générale s'appliquant à la prescription des médicaments dans leur ensemble. Telle dose sera bien supportée par tel individu, qui produira des accidents toxiques chez tel autre. On trouve d'ailleurs, dans tous les formulaires, les limites dans lesquelles doivent se prescrire les médicaments ; c'est au médecin à agir avec prudence et à avoir soin surtout de fractionner ses doses et d'en surveiller les effets.

Malgré ces objections, nous persistons à penser que le Codex devrait porter une table indiquant les doses maxima qui pourraient être prescrites *pro dosi*, ou *pro die*, pour les adultes. Le pharmacien ne pourrait délivrer de doses supérieures à celles indiquées dans ce tableau que si le médecin le demande expressément, en notant en lettres le poids des médicaments, en soulignant sa dose et en la faisant suivre d'un point d'exclamation (!).

Nous n'insisterons pas sur ce point, que nous avons développé pages 93 à 95. Nous proposerions, en conséquence, d'ajouter à l'article 18, après les mots : *le Codex renferme 1°, 2°, 3°, 4°, 5°* (comme au projet du Sénat), ce qui suit :

6° Un mode d'essai permettant de déterminer les caractères et la pureté que doivent posseder les médicaments simples, galéniques et chimiques tenus dans les pharmacies.

7° Les doses maxima simplex, maxima pro die, des médicaments pour les adultes. Un pharmacien ne peut délivrer de doses supérieures à celles indiquées dans ce tableau que si le médecin le demande expressément, en notant en lettres le poids des médicaments, on soulignant sa dose et en la faisant suivre d'un point d'exclamation (!).

Les articles 19, 20, 21, 22, 23, 24 de la Chambre des députés et les articles 19, 20, 21, 22, 23, 25 et 26 du Sénat établissent des pénalités contre ceux qui commettent des infractions aux dispositions de la loi. Ils ont pour but de faire disparaître les difficultés auxquelles donnait lieu l'ancienne législation, et pour cela, ils spécifient des pénalités applicables à chaque espèce.

ART. 19. — CHAMBRE DES DÉPUTÉS.	ART. 19. — SÉNAT.
Quiconque, sans être pourvu d'un diplôme de pharmacien délivré en France, conformément à la loi, aura exercé la profession de pharmacien ou se sera immiscé par coopération, association ou tout autre accord dans l'exercice de cette profession en dehors des cas prévus aux articles 6, 8, 9 et 11 ci-dessus, sera	Conforme. prévus par les articles 6, 8, 10 et 12 ci-dessus, sera puni d'une

puni d'une amende de 500 à
3000 francs.

amende de 500 à 3000 francs.

Pas d'observations sur cet article.

<table>
<tr><td>

Art. 21. — Chambre des députés.

Tout pharmacien qui se sera associé soit avec un médecin, soit avec toute autre personne, en contravention avec les dispositions de la présente loi, pour l'exploitation soit d'une officine, soit d'un remède isolé, sera puni de la même peine que le contrevenant (*peine de 500 à 3000 francs d'après l'art. 19*).

</td><td>

Art. 20. — Sénat.

L'exercice simultané de la profession de médecin, de chirurgien-dentiste et de sage-femme avec celle de pharmacien est puni d'une amende de 100 à 500 francs.

Sont punis de la même peine :

1° Tout pharmacien qui tiendra une officine pour l'exploitation de laquelle il se sera associé soit avec un médecin, soit avec toute autre personne, contrairement aux prescriptions de l'article 8 de la présente loi.

2° Le médecin exerçant sa profession et le pharmacien qui, en vue de réaliser un gain, auront exploité en commun un ou plusieurs remèdes.

3° Le médecin et le pharmacien exerçant leur profession qui se seront livrés à la spéculation sur la vente des médicaments interdite par l'article 11.

4° Tout médecin qui aura contrevenu à l'article 12 de la présente loi.

</td></tr>
</table>

La peine de 100 à 500 francs, proposée par le Sénat, nous paraît trop faible ; on ne peut, en effet, trop sévèrement punir ces associations immorales de médecins et de pharmaciens et ces exploitations d'officines à l'aide de prête-noms. Nous proposons donc que la peine de 100 à 500 francs indiquée par le Sénat soit portée de 500 à 3000 francs, comme l'indique l'article 21 de la Chambre des députés.

<table>
<tr><td>

Art. 20. — Chambre des députés.

La peine de l'article précédent est applicable :

1° A la veuve et aux héritiers d'un pharmacien décédé, qui auront contrevenu à l'article 9.

2° A l'élève autorisé par les ar-

</td><td>

Art. 21. — Sénat.

La peine de l'article précédent est applicable :
Conforme.

— à l'article 10.

2° Aux élèves qui auront exercé

</td></tr>
</table>

ticles 6 et 9 qui aura exercé en dehors desdits articles.

3° Aux directeurs, chefs ou administrateurs des établissements autorisés à la gestion d'une officine intérieure qui auront contrevenu aux conditions de cette autorisation.

4° Aux fabricants ou commerçants en gros qui auront, contrairement à l'article 14, débité ou livré directement aux consommateurs des drogues ou préparations pharmaceutiques autres que celles dont la vente est libre aux termes de l'article 15.

N. B. — Cette peine est, d'après l'article 19, de 500 à 3000 francs.

la pharmacie ou géré une officine en dehors des cas prévus par les articles 6 et 10.

3° Aux membres des commissions administratives des hospices ou hôpitaux ; aux administrateurs des établissements publics ou d'utilité publique ayant pour objet la distribution des secours aux malades ; aux présidents des sociétés de secours mutuels ; aux directeurs et supérieurs des communautés ; aux propriétaires gérants ou administrateurs des établissements commerciaux et industriels ; aux pharmaciens desdits établissements, sociétés ou communautés qui auront contrevenu à l'article 17.

4° Aux fabricants ou commerçants qui auront contrevenu aux dispositions des articles 8 et 9.

N. B. — Cette peine est, d'après l'article 20, de 100 à 500 francs.

Nous trouvons la peine proposée par le Sénat trop faible ; elle ne sera pas de nature à arrêter les délinquants si nombreux qui cherchent sans droit et sans titre à empiéter sur le domaine du pharmacien. Nous demanderions qu'elle fût portée de 500 à 3000 francs, comme l'a proposé la Chambre des députés.

ART. 22. — CHAMBRE DES DÉPUTÉS.

Sera puni d'une amende de 500 à 2000 francs tout pharmacien qui aura sciemment délivré des médicaments ou des substances médicamenteuses reconnus détériorés ou falsifiés.

Ces produits seront confisqués et détruits aux frais des contrevenants.

ART. 22. — SÉNAT.

La livraison des substances médicamenteuses, à quelque titre qu'elle soit faite, sera assimilée à la vente et soumise aux dispositions de l'article 423 du code pénal et de la loi du 27 mars 1851.

En conséquence, seront punis des peines portées par l'article 423 du code pénal et par la loi du 27 mars 1851, ceux qui auront trompé sur la nature des substances médicamenteuses livrées ; ceux qui auront livré des substances médicamenteuses qu'ils sauront être

> falsifiées ou corrompues, et ceux qui
> auront trompé ou tenté de tromper
> sur la quantité des choses livrées.

L'article 22 du Sénat, dont les termes sont beaucoup plus généraux que ceux de l'article 22 de la Chambre des députés, nous
paraît devoir être préféré. Il permettra, en effet, d'atteindre non
seulement les pharmaciens, mais encore les médecins et les vétérinaires exerçant la pharmacie dans les conditions exceptionnelles
permises par la loi. Il permettra surtout de frapper de peines sévères
ces hommes méprisables qui ne rougissent pas de commettre, non
pas un vol, mais un crime en trompant l'acheteur, toujours aveugle,
sur la nature, la qualité et la quantité des médicaments vendus.

ART. 23. — CHAMBRE DES DÉPUTÉS.	**ART. 23. — SÉNAT.**
Toute infraction aux dispositions de la présente loi sera punie d'une amende de 16 à 1000 francs, et ce, sans préjudice des pénalités de droit commun en cas de crime ou de délit.	*Toutes autres infractions* (le reste conforme).

L'article 23 contenu dans le projet de loi adopté par la
Chambre des députés, transmis au Sénat le 3 juillet 1893 (Sénat,
session de 1893, annexe au procès-verbal de la séance du 3 juillet
1893), ne contient par le mot *autre;* c'est évidemment un oubli ou
une faute d'impression réparé par le projet du Sénat.

CHAMBRE DES DÉPUTÉS.	**ART. 24. — SÉNAT.**
Pas d'article analogue.	En cas de poursuites judiciaires suivies d'une condamnation, les tribunaux pourront ordonner la fermeture de l'officine ouverte ou exploitée dans des conditions contraires à la présente loi. Ils pourront ordonner l'exécution par provision de cette disposition, nonobstant opposition, appel ou recours en cassation. Le préfet pourra, de son côté, ordonner la fermeture, mais à titre provisoire seulement, de toute officine qui lui paraîtra tenue en violation des mêmes dispositions. Il devra, dans ce cas, dénoncer dans le délai de 3 jours, au ministère public, les faits ayant donné lieu à la fermeture provisoire.

| Le ministère public saisira le tribunal.

Cet article a donné lieu au Sénat, dans la séance du 21 décembre 1894, à une discussion juridique brillante à laquelle ont pris part MM. Demôle, Develle, Richaud, Morellet, Buffet. Il nous paraît que l'article devrait être encore sévèrement examiné, notamment en ce qui concerne l'exécution par provision des jugements rendus par les tribunaux, nonobstant opposition, appel ou recours en cassation. C'est là une disposition contraire aux principes généraux de notre droit pénal.

Le droit accordé au préfet de prononcer, même à titre provisoire, la fermeture d'une pharmacie me semble excessif et il est à craindre que cela n'entraîne des conséquences souvent désastreuses. En effet, comme le dit très justement M. le D' Helme, dans une étude très bien faite sur la loi relative à l'exercice de la pharmacie : « Cette autorisation peut être, à un moment donné, une rude arme entre les mains d'un préfet à poigne. Il sera toujours possible, par exemple pendant une période électorale un peu houleuse, de trouver que tel pharmacien opposant a contrevenu aux règlements. On fermera donc sa pharmacie, quitte à la rouvrir en faisant à la victime des excuses plus ou moins hypocrites. En attendant, la clientèle aura fui. »

CHAMBRE DES DÉPUTÉS.	ART. 25. — SÉNAT.
Pas d'article analogue.	Lorsque le prévenu, convaincu de contravention à la présente loi, aura, dans les cinq ans qui ont précédé le délit, été condamné pour une infraction de qualification identique, l'amende pourra être élevée jusqu'au double du maximum, et le coupable pourra, en outre, être condamné à un emprisonnement de six jours à six mois, le tout sans préjudice de l'application, s'il y a lieu, des articles 57 et 58 du code pénal.

Cet article indique les peines en cas de récidive et précise, d'une manière très nette, ce qui constitue en principe la récidive. Les expressions « *pour infraction de qualification identique* » montrent que pour qu'il y ait récidive, il faut que la condamnation précédente soit relative non seulement à un délit prévu par la loi sur la pharmacie, mais à un délit de même espèce. Une partie de l'article 25 est analogue, soit dit en passant, à l'article 24 de la loi sur la médecine.

CHAMBRE DES DÉPUTÉS.

Pas d'article analogue.

ART. 26. — SÉNAT.

La suspension temporaire ou l'incapacité absolue de l'exercice de la pharmacie et de la profession d'herboriste peuvent être prononcées par les cours et tribunaux accessoirement à la peine principale contre tout pharmacien condamné :

1° A une peine afflictive ou infamante ;

2° A une peine correctionnelle prononcée pour faux, vol ou escroquerie, ainsi que pour les crimes ou délits prévus par les articles 317, 331, 332, 334 et 335 du Code pénal ;

3° A une peine correctionnelle prononcée par une cour d'assises pour les faits qualifiés crimes par la loi;

4° A une peine correctionnelle prononcée pour une contravention à l'article 22 de la présente loi.

En cas de condamnation prononcée à l'étranger pour un des crimes ou délits ci-dessus spécifiés, le coupable peut également, à la requête du ministère public, être frappé par les tribunaux français de suspension temporaire ou d'incapacité absolue d'exercer sa profession.

Les aspirants ou aspirantes aux titres de pharmacien ou d'herboriste, condamnés à l'une des peines énumérées aux paragraphes 1, 2, 3 du présent article, antérieurement à leur inscription, peuvent être exclus des établissements d'enseignement supérieur. La peine de l'exclusion sera prononcée dans les conditions prévues par la loi du 27 février 1880.

En aucun cas, les dispositions du présent article ne sont applicables aux pharmaciens et herboristes frappés d'une peine quelconque

> pour crime ou délit politique.
> Tout pharmacien ou herboriste qui continue à exercer sa profession, malgré la peine de la suspension temporaire ou de l'incapacité absolue prononcée contre lui, tombe sous le coup de l'article 19 de la présente loi.

L'article 27, adopté par le Sénat, ne figure pas dans le projet de la Chambre. Cet article, analogue à l'article 25 de la loi sur la médecine, a pour but d'exclure temporairement ou à perpétuité du droit d'exercice de la pharmacie les pharmaciens condamnés pour les crimes ou délits spécifiés sous les numéros, 1, 2, 3 4.

On a fait contre cet article certaines objections analogues à celles qui ont été formulées à la Chambre lors de la discussion de l'article 25 de la loi sur la médecine.

Rappelons qu'à ce propos, M. Brouardel, commissaire du gouvernement, faisait la déclaration suivante, applicable dans l'espèce qui nous intéresse : « Il est arrivé parfois que des médecins ont commis un crime dans l'exercice de leur profession : avortement, viol, etc. La commission et le gouvernement estiment que, quand un homme a ainsi gravement trahi la confiance d'une famille, il est indigne d'être protégé. Nous demandons le rétablissement d'un article qui vise les crimes professionnels. » C'est sur cette déclaration que l'article 25 de la loi sur la médecine a été voté.

On a objecté aussi : L'article 27 ne vise pas seulement les crimes professionnels, comme le disait M. Brouardel; il vise tous les crimes, quels qu'ils soient, à l'exception cependant des crimes politiques, c'est-à-dire toutes les condamnations prononcées par les cours d'assises, à part celles entraînant le bannissement et la dégradation civique qui ne constituent que des peines infamantes seulement. De plus, il s'applique à un grand nombre de délits de droit commun, qui n'ont aucun caractère professionnel, tel que le vol et l'escroquerie. On a ajouté : il était inutile d'énumérer dans le texte les différents articles du Code pénal ; cela fait une répétition inutile, puisque quelques-uns de ces articles sont relatifs à des crimes.

On a dit encore : Cette disposition nouvelle ne va-t-elle pas un peu loin? ne peut-elle pas même, le cas échéant, grâce à certaines interprétations et à l'élasticité de certains délits, présenter un certain danger? N'aurait-il pas fallu, au moins, montrer plus de discernement dans le choix des infractions donnant lieu à la faculté de suspension ou d'interdiction réservée aux tribunaux? Ne pourrait-on pas aller jusqu'à dire à un médecin ou à un pharmacien qu'en faisant des annonces mensongères, il a commis le délit d'escroquerie, et lui retirer, de la sorte, et pour toujours, le bénéfice des grades qu'il a cependant conquis ?

Toutes ces objections ne sont pas sérieuses et nous estimons, avec tous les honnêtes gens, que c'est un grand bienfait pour la profession de pouvoir exclure, temporairement ou à perpétuité de son exercice, tous les pharmaciens condamnés pour crimes ou pour un grand nombre de délits. C'est une véritable œuvre de moralité et de salubrité professionnelle que d'interdire l'exercice de la pharmacie à des gens condamnés pour le crime d'avortement ou le délit d'administration de substances nuisibles visé par l'article 317, pour crimes d'attentat et de viol visés par les articles 331 et 332, pour délit d'excitation habituelle de mineurs à la débauche visés par les articles 333 et 334, ou condamnés à une peine correctionnelle pour crime de faux, de vol ou d'escroquerie. Sans doute le pouvoir facultatif laissé aux tribunaux peut paraître dangereux, mais ils sauront en user avec fermeté, indulgence et discernement.

Nous dirons cependant, avec MM. Lechopié et Floquet (1), que la disposition de loi relative aux condamnations prononcées à l'étranger est grave. Comment assimiler en effet notre législation pénale à la législation étrangère? Il peut arriver en effet qu'un certain nombre de délits, visés par

____

(1) Lechopié et Floquet : *La nouvelle législation médicale*, page 207.

l'article 26, soient constitués par des éléments essentiellement différents chez les nations étrangères.

CHAMBRE DES DÉPUTÉS.	ART. 27. — SÉNAT.
Pas d'article analogue.	Les tribunaux pourront, dans tous les cas, ordonner l'affichage du jugement portant une condamnation dans les lieux qu'ils désigneront et son insertion intégrale ou par extrait dans les journaux qu'ils indiqueront, le tout aux frais du condamné.

Pas d'observations sur cet article.

ART. 24. — CHAMBRE DES DÉPUTÉS.	ART. 28. — SÉNAT.
L'article 463 du Code pénal est applicable à toutes les condamnations prononcées en vertu de la présente loi.	Conforme.

Cet article 463, relatif aux circonstances atténuantes, a été modifié, on le sait, par la loi du 28 avril 1832, par celle du 13 mai 1863,
par celle du 26 octobre 1888 et par le décret du 27 novembre 1870.
Nous n'avons pas d'observations à présenter sur cet article, dont le
texte se trouve : *Code pénal*, dispositions générales, livre III,
titre II.

A propos des infractions prévues et punies par la présente
loi, nous croyons devoir insister sur une question intéressante, que nous pourrions formuler de la manière suivante :
Les syndicats pharmaceutiques peuvent-ils, dans tous les cas,
saisir les tribunaux par voie de citation directe donnée dans
les termes de l'article 182 du Code d'instruction criminelle,
sans préjudice de la faculté de se porter, s'il y a lieu, partie
civile dans toute poursuite de délits intentée par le ministère
public?

On sait que les délits peuvent être déférés aux tribunaux,
soit d'office à la requête des parquets, soit par ceux-ci sur la
plainte des parties lésées. Les pharmaciens, auxquels différents arrêts (Cour de Paris, ch. corr., 20 janvier 1886, et
Cour de Bordeaux, 25 novembre 1886) ont permis de se cons-

tituer en syndicats professionnels, peuvent, en vertu de l'article 3 de la loi du 21 mars 1884, ester en justice pour la défense de leurs intérêts industriels et commerciaux ; mais, on s'est demandé si les syndicats pharmaceutiques pouvaient être admis à intervenir, comme partie civile, dans un procès intenté à un pharmacien poursuivi pour tromperie sur la chose vendue.

La Cour de cassation, dans son arrêt du 5 janvier 1894, leur a reconnu ce droit ; il nous paraîtrait cependant nécessaire, pour éviter toute difficulté à l'avenir, d'introduire dans la loi des dispositions analogues à celles contenues dans les articles 13 et 17 de la loi sur la médecine et de les formuler de la manière suivante : « Le droit que la jurisprudence accorde aux pharmaciens de se constituer en associations syndicales, dans les conditions de la loi du 21 mars 1884, pour la défense de leurs intérêts professionnels, à l'égard de toutes personnes autres que l'État, les départements et les communes, est formellement reconnu et sanctionné par la présente loi.

« Les syndicats pharmaceutiques pourront, par voie de citation directe donnée dans les termes de l'article 182 du Code d'instruction criminelle, saisir les tribunaux des infractions prévues et punies à la présente loi et intervenir au procès comme partie civile, sans préjudice de se porter, s'il y a lieu, partie civile dans toute poursuite de ces délits intentée d'office par le ministère public. »

Art. 25. — Chambre des députés.	Art. 29. — Sénat.
Dans l'année qui suivra la promulgation de la présente loi, il sera rendu un règlement d'administration publique portant revision de l'ordonnance du 29 octobre 1846 et du décret du 8 juillet 1850.	Article conforme.

Dans une étude que nous avons publiée sur la législation des substances vénéneuses (1), nous disions : « Arrivé au terme de cette étude, nous croyons devoir formuler une conclusion dont la nécessité nous semble démontrée par les considérations présentées

____

(1) Dupuy, *Cours de pharmacie*, t. I, p. 127 à 173.

dans le cours de ce travail : il importe de soumettre à une revision sérieuse la législation concernant les substances vénéneuses, parce que cette législation présente des lacunes, des obscurités ou des incertitudes qui en rendent l'application souvent difficile et même impraticable. »

Les articles 25 de la Chambre des députés et 29 du Sénat donnant satisfaction au désir que nous avions exprimé, nous ne pouvons que les approuver.

Art. 26. — Chambre des députés.	Art. 30. — Sénat.
La présente loi est applicable à l'Algérie et aux colonies.	La présente loi est applicable à l'Algérie.

Sur la proposition de M. Droubet, le Sénat a effacé les mots « et aux colonies », en se fondant sur les raisons suivantes données par cet orateur : « Il y a dans les colonies des intérêts très respectables, qui sont méconnus par la loi et qui ne peuvent pas être discutés. La loi pourra être rendue applicable aux colonies quand le gouvernement en aura examiné les différentes situations ; il faut, en effet, tenir compte de ce fait que toutes les colonies ne sont pas soumises au même régime. Il y aurait donc quelque inconvénient à décider d'une façon générale que la loi leur sera applicable. »

Art. 27. — Chambre des députés.	Art. 31. — Sénat.
Sont et demeurent abrogés :	Sont et demeurent abrogés :
1° L'arrêt du parlement de Paris du 23 juillet 1748 et tous les arrêts, édits, déclarations et règlements qui y sont rapportés ;	1° L'arrêt du parlement de Paris du 23 juillet 1748 et tous les arrêts, édits, déclarations qui y sont rapportés ;
2° La déclaration du roi du 25 avril 1777 ;	2° La déclaration du roi du 25 avril 1777 ;
3° La loi du 14 avril 1791 ;	3° La loi du 14 avril 1791 ;
4° Le titre IV (art. 21 à 38) de la loi du 21 germinal an XI ;	4° La loi du 29 pluviôse an XIII ;
5° Les articles 41 à 46 de l'arrêté du 25 thermidor an XI ;	5° Le décret du 25 prairial an XIII ;
6° La loi du 29 pluviôse an XIII ;	6° Le décret du 18 août 1810 ;
7° Le décret du 25 prairial an XIII ;	7° L'ordonnance du 8 août 1816 ;
8° Le décret du 18 août 1810 ;	8° Généralement, les dispositions des lois, ordonnances et décrets antérieurs qui seraient contraires à la présente loi.
9° L'ordonnance du 8 août 1816 ;	
10° Le décret du 23 mars 1859 ;	
11° Généralement, les dispositions des lois, ordonnances et décrets antérieurs qui seraient contraires à la présente loi.	

Il nous semble que ce long article pourrait être remplacé purement et simplement par un article ainsi conçu : « Sont et demeurent abrogés, sans aucune exception ni réserve, les dispositions des lois, ordonnances, déclarations, arrêtés, décrets antérieurs qui seraient contraires à la présente loi. » Cela est d'autant plus nécessaire qu'on trouve de nombreuses omissions dans l'énumération des décrets, ordonnances, etc., visés soit par la Chambre des députés, soit surtout par le Sénat.

DISPOSITIONS TRANSITOIRES. — CHAMBRE DES DÉPUTÉS.

Le diplôme de pharmacien de deuxième classe, supprimé par la présente loi, sera néanmoins encore délivré aux élèves qui auront pris une ou plusieurs inscriptions de stage ou de scolarité avant la promulgation de la présente loi, mais pendant un délai qui ne pourra pas dépasser *huit années* à partir de cette promulgation.

Les pharmaciens, pourvus du diplôme de deuxième classe, pourront exercer sur tout le territoire de la République.

DISPOSITIONS TRANSITOIRES. — SÉNAT.

Pendant un délai de dix ans à partir de la promulgation de la présente loi, les étudiants pourront être admis à s'inscrire en vue du titre de pharmacien de deuxième classe, conformément aux règlements en vigueur.

Un règlement d'administration publique fixera l'époque à laquelle le diplôme de pharmacien de seconde classe cessera d'être délivré.

Les pharmaciens, pourvus du diplôme de deuxième classe, pourront exercer sur tout le territoire de la République.

Pas d'observations sur ces dispositions transitoires, sur lesquelles nous avons longuement insisté à propos de l'article 2 du projet de loi.

Nous avons terminé l'étude impartiale que nous désirions présenter sur les nouveaux projets de loi ; si nos efforts n'ont pas été complètement stériles, nous osons espérer que les pouvoirs publics voudront bien s'en inspirer pour faire une nouvelle législation, qui protège à la fois et les intérêts respectables de la société et les droits légitimes du corps pharmaceutique français.

FIN.

TABLE DES MATIERES

984-93. — Corbeil. Imprimerie Éd. Crété.

www.ingramcontent.com/pod-product-compliance
Ingram Content Group UK Ltd.
Pitfield, Milton Keynes, MK11 3LW, UK
UKHW022239120726
13694UKWH00003B/895